KB040637

Philosophy Of Biology

생명과학의 철학

유선경
Sun Kyeong Yu

생각의힘

차례

머리말

생명과학자: 다윈의 진화론을 왜 배워야 하는지 모르겠고, 이것이 지금 내가 하고 있는 분자생물학 연구와 무슨 상관이 있는지 모르겠어. 생명과학자가 고리타분한 다윈의 진화론을 거론한다는 것은 치열한 연구전선에서 낙오되고 있다는 증거가 아닐까?

철학자: 네가 하는 생명과학이 무엇인지 알기 위해서는, 다시 말해 생명과학의 실체를 알기 위해서는 생명체들이 어떻게 진화하고 있는지 이해해야 하지 않을까? '생명'이 무엇이라고 생각해? 또 '진화'는? '생명체'를 어떻게 정의해야 하지? 너는 생명과학자이니까 대답해 줄 수 있지 않을까?

두 사람의 대화에서와 같이 생명과학(Biological science, Bioscience, Life science)과 철학(Philosophy)이 만난다면 과연 어떻게 대화를 계속 이어 나갈 수 있을지 궁금해진다. 철학자는 생명과학의 구조와 특징, 그리고 생명과학 이론들 안에서 쓰이는 개념들에 대한 예리하고 비판적인 질문을 하고 있다. 이러한 질문은 관찰과 실험을 필요로 하지 않는, 말하자면 경험에 선행하는 철학의 선험적 문제들이다. 이에 반해 생명과학자는 생명 현상에 대해 관찰과 실험을 통한 경험적 연구를 한다. 따라서 철학자의 선험적 문제들은 생명과학자의 실험 및 관찰의 주제가 될 수 없다. 생명과학 안에서 대답할 수 없는 철학적 질문들과 또 철학 안에서 대답할 수 없는 생명과학적 질문들이 바로 생명과학철학에서 다루는 주제들이다. 다시 말해 생명 현상을 경험적으로 연구하는 생명과학에 기초한 선험적인 연구 주제들이 생명과학철학의 문제들이다.

이 책은 철학과 생명과학에 관심이 있는 모든 이들이 생명과학의 지식이나 철학적 훈련 없이도 쉽게 읽을 수 있도록 마련된 생명과학철학(Philosophy of Biology) 입문서이다. 따라서 가능한 철학적 전문 용어를 쓰지 않았으며, 독자들이 쉽게 이해할 수 있는 생명과학의 예들을 사용하여 설명함으로써 혹시라도 독자들이 책의 내용을 이해하기 전에 느낄 수 있는 '철학'과 '생명과학'에 대한 막연한 망설임을 없애고자 노력하였다. 그리고 독자들이 그동안 잘못 알고 있던 오해들에 초점을 맞추어, 이것들을 비판하고 바로잡고자 하였다. 이 책을 통해 독자들은 대학원까지 생물학을 전공하고, 이후 철학으로 전공을 바꾸어 현재 대학에서 철학을 가르치고 있는 나와 함께, 생명과학의 철학적 질문들이 얼마나 흥미진진하게 논의될 수 있는지를 체험하게 될 것이다.

이 책은 다섯 주제로 구성되어 있다. 첫 번째 주제는 다윈의 진화론으로, 진화론을 이끌어 낸 다윈의 혁명적인 발상들에 대해 논의하고, 우리의 이해를 점검한다. 두 번째 주제는 다윈의 진화론에 대한 오해들이다. 우리가 진화론에 대해 근본적으로 오해하고 있는 논지들을 골라 비판하고 바로잡는다. 세 번째 주제는 종의 개념과 그 문제점으로, 생명과학에서 쓰이는 몇 안 되는 기본적인 개념들 중 하나인 '종'에 대한 역사적 배경에 얽힌 문제점들을 파헤치고, 그 문제점들이 시사하는 바를 논의한다. 네 번째 주제는 생물학적 기능으로, 형질들이 가지는 기능의 실체에 대해 살펴보고, 그 기능을 생명과학에서 어떻게 이해해야 하는지에 대해 토론한다. 마지막 주제는 앞의 네 주제들보다는 더 철학적인 것으로, 생명과학과 환원론에 대한 문제이다. 생명과학의 여러 분과들이 어떠한 관계로 연결되어 있고, 이러한 관계는 생명과학의 발전과 어떻게 관련되어 있는가에 대해 토론한다.

이 책은 내 연구 학기에 완성되었다. 연구 학기를 허락해 준 미네소타 주립대학 맨케이토(Minnesota State University, Mankato)에 감사를 표한다. 그리고 이 책의 초고를 읽어 주시고 아낌없는

조언을 주신 홍창성 교수님께 감사드린다. 마지막으로 이 책을
홍 교수님과 재현, 다현에게 바친다.

2014년 봄

미네소타 세인트폴에서

유선경

1.
다윈의
진화론

—   1859년 찰스 다윈(Charles Darwin)의
저서 『종의 기원』이 출판된 이후부터 사람들은 끊임없이 그의
진화론에 대해 이야기해 왔고, 그의 주장이 무엇을 의미하는지
에 대해 생각해 왔다. 다윈은 출판 전 이십 년이라는 시간 동안
조심스레 심사숙고하며, 많은 이들이 생각하고 주장하던 진화
에 대한 가설들과 그 시대의 종교관 그리고 플라톤과 아리스토
텔레스의 전통 철학 사상들에 반대하는 자신만의 진화론을 내
놓았다.

플라톤과 아리스토텔레스의 철학 사상에서 유래된 본질주의
는 모든 것에는 그것을 그것이게끔 하는 본질(essence)이 있다는
사상이다. 이러한 본질주의 사상은 다윈 이전 18세기까지 과
학자들이 생명체 안에 불변하는 본질이 있다고 생각하는 믿음

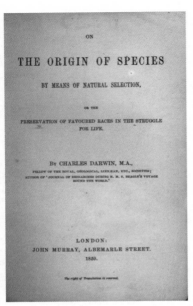

| 찰스 다윈의 저서 『종의 기원』(1859년)

의 철학적 토대가 되었다. 과학자들은 생명체 초기 단계인 배아 안에 이미 성체가 차곡차곡 접혀져 자리 잡고 있어, 배아에서 성체로 성숙하는 발생 과정은 단지 접혀져 있는 성체를 천천히 펴는 과정이라고 주장하였다. 이러한 본질주의에 대해서 라마르크(Jean-Baptiste Lamarck)도 예외는 아니었다. 그는 신이 생명체들을 창조한 이후 생명체들 안에 내재된 동력이 그들을 더 크고 더욱 복잡한 생명체들로 만든다고 믿었다.

18세기까지 과학자들은 오래된 생명체들이 스스로 수정하고 변형(transmutation)하여 더 고등한 생명체로 진화한다고 생각하였고, 그래서 새로운 생명체들이란 그들 이전의 생명체보다 언제나 고등화되고 향상된 형태라고 믿었다. 이것은 생명체들의 집합인 자연이 끝없이 향상된다는 의미로, 다윈 이전의 과학자들은 자연을 마치 끊임없이 '위로만 움직이는 에스컬레이터'처럼 생각한 것 같다. 만약 이 에스컬레이터식의 진화 가설이 옳다면, 어느 순간 오래된 생명체들의 종이 멸종될 경우 그 종에 속하는 자식세대의 생명체들은 더 이상 생성되지 않을 것이다. 그리고 이러한 사건들이 여러 차례 반복해서 일어난다면, 자연에 존재하는 생명체들의 종의 숫자는 현격히 줄어들 것이다. 만약 신이 이 순간마다 새로운 생명체들을 만들어 주지 않는 한, 다시 말해 신이 끊임없이 새로운 생명체를 창조해야 한다는 전제를 받아들이지 않는 한, 많은 시간이 흐른 궁극에는 아마도 소수의 고등한 종만 자연에 살아남아 있거나 아무런 생명체도 남아 있지 않게 될 것이다.

그러나 우리가 바라보고 있는 자연에는 여전히 다양하고 복잡한 수많은 생명체들이 생존하고, 또 번식하고 있다. 따라서 다윈 이전의 모든 과학자들이 전제하였던 '위로만 움직이는 에스컬레이터'식의 진화 가설, 즉 오래된 생명체가 수정되고 변하여 새로운 고등 생명체로 진화한다는 가설로는 왜, 그리고 어떻게 다양하고 복잡한 많은 생명체들이 여전히 자연에 생존하는가라는 의문에 답할 수 없다.

다윈은 두 가지 점을 가정하였다. 첫째는 생명체들이 환경에 계속 적응하기 위해서는 변화 과정을 겪을 수밖에 없다는 것이다. 이것은 생명체들이 환경과의 상호작용을 통해 계속 적응하여 살아남기도 하고 사라지기도 한다는 것을 암시한다. 둘째는 생명체들이 변이를 겪으면서도 지구에 계속 존재한다는 것은 오래된 생명체들이 변이되고 진화하는 과정에서 종분화(speciation)를 겪어 새로운 종이 등장하기 때문이라는 것이다. 다윈에 따르면, 진화란 생명체들에게 내재된 어떤 알 수 없는 힘에 의한 자발적인 새로운 생명체들의 생성 과정이 아니며, 위로만 올라가는 에스컬레이터 같은 외줄의 상승 과정은 더더욱 아니다. 다윈이 생각한 진화 과정은 마치 불규칙적으로 가지가 뻗은 나무를 연상시킨다. 다윈은 굵은 줄기에서 여러 가지들이 뻗어나듯이 조상인 생명체의 종들에서 새로운 종들이 생겨난다고 생각하였다.

다윈의 첫째 가정은 생명체들이 끊임없는 물리적 변이와 환경과의 상호작용을 통해 적응하고 진화한다는 '자연선택(natural selection)' 이론을 이끌어 냈다. 둘째 가정은 지구에 있는 모든 생명체는 마치 나무에서 여러 가지들이 자라듯 공통의 조상들로부터 유래해 여러 다른 종들이 진화하며 어떤 종들은 멸종하고 또 어떤 종들은 계속 그들의 세대를 이어 간다는 '계통수(tree of life)' 이론을 이끌어 냈다. 다윈 이전에도 많은 과학자들이 나무 모양에 빗댄 생명체들의 진화 형태를 생각하였으나, 다윈은 이 생명의 나무를 조상과 후손의 관계를 표현하는 계통학적인 측면으로 보면서 진화를 설명하려고 하였다. 이런 이유로 우리는 다윈의 '생명의 나무'를 '계통수'라고 칭한다. 다윈은 『종의 기원』에서 '계통수'와 '자연선택'이라는 혁명적인 두 이론을 제시하며 진화란 끝이 없는 변화와 생성 과정이라고 정의하였고, 다른 이들의 유사한 가설들로부터 자신의 진화론을 확연히 구분 지었다.

진화의 두 메커니즘: 무작위 변이와 자연선택

— 다윈의 진화론에서 진화란 끝이 없
는 새로운 변화와 생성 과정이다. 다시 말해 진화란 세대에 걸
쳐 일어나는 형질의 변화 과정이다. 형질의 질적 변화는 끝없는
물리적 변이와 환경과의 상호작용을 통해 이루어진다. 즉 물리
적인 무작위 변이(random variation)와 자연선택이라는 두 종류의
메커니즘으로 세대를 거치며 일어나는 형질의 질적인 변화를
진화라고 정의할 수 있다.

무작위 변이

무작위의 물리적 변이란 유전자상에서의 변화를 뜻한다. 그
런데 유전자의 변이는 환경의 상호작용과는 무관하다. 어느 형
질이 환경에 유용할지 아닐지, 다시 말해 어느 형질이 환경과
의 상호작용을 통해 더 잘 살아남을지 또 어느 형질이 소멸할지
에 상관없이 유전자상에서의 변이는 무작위로 일어난다. 특정
한 시기나 특정한 위치에 상관없이 무작위로 일어나는 돌연변
이(mutation), 어떠한 규칙도 없이 유전자들이 섞이는 유전자 재
조합(genetic recombination)이 무작위 변이의 예들이다. 그리고 어
떤 생명체들의 집단에서 우연히 많은 개체들이 죽거나 우연한
이유로 많은 자손이 생산되는 현상, 또 이들이 지닌 어떤 특정
한 유전자들이 다음 세대에 발현되는 빈도가 감소하거나 증가
하는 현상인 유전자 표류(genetic drift)도 유전자상에서 일어나는
무작위 변이의 예이다. 이러한 무작위 변이들은 무질서해서 아

무런 규칙 없이 일어난다. 따라서 우리는 무질서하고 규칙 없이 일어나는 돌연변이들이 언제 또 일어날지 예상할 수 없다. 그리고 이러한 돌연변이란 예외적인 현상이 아니라 일어나기 마련인 자연의 정상적인 과정이다.

자연선택

무작위 변이들은 진화의 두 번째 단계인 자연선택 과정을 거친다. 그런데 자연선택이란 결코 자연이 어떤 의도를 갖고 보다 완벽한 생명체들을 선택하는 과정이 아니다. 앞에서 보았듯이 자연선택이란 생명체들이 환경과의 끊임없는 상호작용을 통해 환경에 적응하는 물리적 과정이다. 자연선택에서 '선택'이란 모래무지에서 체(sieve)로 모래와 돌을 골라내듯, 또는 여과지로 커피가루를 거르고 커피물을 여과하듯 순수한 물리적 '여과 과정(filtration)'으로 생각할 수 있다. 모든 생명체들은 끊임없는 무작위 물리적 변이를 통해 그 형질들이 변하는데, 어떤 특정한 변이를 갖는 생명체들은 그들이 서식하는 환경에 '여과'되어 살아남게 되고, 다른 변이를 갖는 생명체들은 그 환경에 '여과'되지 못해 죽게 되는 것이다. 다시 말하면 유전자 변이를 통해 변화되거나 새로이 생성된 형질을 지닌 어떤 생명체들은 그들이 서식하는 특정한 환경에 잘 '선택'되어서, 즉 그 환경에 잘 적응(adaptation)해서 새끼를 많이 낳아 종족을 번식시킨다. 반면 어떤 생명체들은 그들이 서식하는 환경에 잘 적응하지 못하여 덜 선택되고 새끼의 수도 많지 않아, 결국 여러 세대를 거치며 번식이 줄거나 중단된다.

예를 들어 환경 A는 삼각형만을 여과하는 환경이라고 가정해 보자. 이 경우 환경 A에 서식하는 원형, 정삼각형, 이등변 삼각형, 사각형 등 많은 개체들 중에 정삼각형과 이등변 삼각형만 환경 A에 적응하여 생존하고 번식할 것이다. 이 삼각형들의 자식들은 부모와 같은 형태인 정삼각형이나 이등변 삼각형일 수도 있고, 또 무작위 돌연변이로 오각형, 육각형 등 다른 형태일 수도 있다. 그런데 삼각형들의 자식들이 서식하는 환경이 변화해, 오각형 또는 육각형만을 선택하는 새로운 환경(환경 B)이 되었다고 가정해 보자. 이제 정삼각형, 이등변 삼각형, 오각형, 육각형의 개체들 중 오각형과 육각형만이 환경 B에 적응하여 생존하고 번식할 것이다. 그 다음 세대는 무작위 돌연변이를 겪으며 환경 C라는 새로운 환경에서 또 다른 선택 과정을 거치며 적응하거나 소멸할 것이다.

이와 같이 생명체들은 자연선택 과정을 거치며 다른 생명체들과 비교하여 차별화된 생존율과 번식 가능성을 가지게 된다. 환경에 더욱 잘 적응한 생명체들이 다른 생명체들과 비교하여 더 많이 살아남아 많은 수의 자손들을 생산할 수 있다는 것은 그 생명체들이 그들이 서식하는 환경에 다른 생명체들보다 더 적합하다는 뜻이다. 이것은 생명체들이 자연선택을 거치며 그들이 처한 환경에 각기 다른 적합도(fitness)를 갖게 된다는 의미이다. 또한 어떤 특정한 변이를 가진 생명체들이 종족을 번식시킨다는 것은 그 특정한 변이가 그것을 지닌 생명체들의 번식을 통해 유전된다는 뜻이며, 무작위 변이들이 자연선택 과정을 거치며 차별화된 유전성을 지니게 된다는 것을 암시한다.

생명체들이 자연선택 과정에서 차별화된 생존율과 번식 가능성, 즉 차별화된 적합도를 가지는 것은 자연선택이 무작위로 일어나는 현상이 아니라는 것을 뜻한다. 만약 자연선택 과정이 순전히 무작위적 현상이라면 모든 생명체들은 동일한 확률의 생존율과 번식 가능성을 가져야 한다. 그리고 만약 자연선택 과정이 비결정론적(indeterministic) 현상이라면, 즉 과거에 일어난 자연선택 과정의 결과가 현재 일어날 자연선택에 아무런 영향을 미치지 못한다면, 잘 선택되어 특정한 환경에 보다 잘 적응한 부모 세대가 그렇지 못한 다른 부모 세대보다 더 많은 자식을 낳을 것이라는 보장도 없다.

그런데 앞에서 살펴보았듯이 생명체들은 자연선택 과정을 거쳐 각기 다른 생존율과 번식 가능성을 가지며, 환경에 보다 적합하게 적응된 생명체들이 그렇지 못한 생명체들보다 더 많은 자손을 생산한다. 따라서 자연선택은 무작위로 일어나는 비결정론적인 자연 현상이 아니며, 유전자상에서 무작위로 일어나는 무질서한 비결정론적인 물리적 변이들과 다르다. 즉 자연선택에 의한 진화 현상은 무작위적이거나 비결정론적이지 않다.

자연선택과 적응 그리고 적합도

—   자연선택 과정은 환경에 보다 적합

하게 적응한 생명체들이 살아남는 과정이다. 그렇지만 자연선택은 가장 크고 가장 강한 생명체들만 살아남는다는 스펜서식의 적자생존(survival of the fittest)의 과정은 아니다. 다윈과 동시대에 살았던 철학자 허버트 스펜서(Herbert Spencer)가 도입한 적자생존은 인간 사회의 생존경쟁의 원리를 뜻한다. 반면 다윈이 자연 세계에 적용한 적자생존은 어떤 특정한 환경에 충분히 잘 적응한 생명체들이 살아남아 번식한다는 것을 뜻한다.

주어진 환경에 잘 적응한 생명체들이라고 해서 절대적으로 완전한 최상의 적응력과 최고의 적합도를 갖는 것은 절대 아니다. 잘 적응한 생명체들이란 같은 환경에 있는 다른 생명체들이 그 환경에 적응하는 능력보다 환경 적응력이 더 높다는 뜻이다. 이것은 잘 적응한 생명체들이 낳은 새끼들의 개체수가 평균 이상인 반면 다른 생명체들이 낳은 새끼들의 수가 평균 이하라는 뜻과 통한다. 그러므로 다윈이 말하는 '적자(the fittest)'란 가장 크고 가장 강한 생명체들을 뜻하는 것이 아니라, 주어진 특정한 환경에서 다른 생명체들과 비교하여 좀 더 나은 적응력과 번식력을 보이는 생명체들이라고 할 수 있다.

이와 같이 자연선택된 생명체들이란 그들이 서식하고 있는 국한된 환경과의 상호작용을 통해 그 환경의 다른 생명체들보다 그 환경에 더 잘 적응한 생명체들이다. 다시 말하지만, 이들은 적응도가 낮은 생명체들과 비교하여 살아남는 개체수가 많고, 이 개체들은 다른 생명체들과 비교하여 더욱 많은 자손을 생산한다.

적응과 제약들

—   자연선택 과정의 결과물은 주어진
환경에 적합하게 적응한 생명체들이 살아남아 자손을 번식하
는 것이다. 이 자손들은 또 다시 자연선택 과정을 거치며, 끊임
없이 작동하는 자연선택을 통해 대대손손 환경에 적합하게 적
응한 생명체들이 살아남아 번식할 것이다. 이러한 끊임없는 자
연선택 과정은 마치 절대적으로 완전한 최상의 적응력과 최고
의 적합도를 갖는 생명체들을 생산하는 방향으로 작동하는 것
으로 받아들여질 수도 있다. 그러나 이러한 이해는 오해이다.

자연선택은 절대적으로 완벽한 생명체나 완벽한 유전형
(genotype)을 만들지 못한다. 자연선택이 생명체들과 이들이 속
한 환경과의 끝없는 적응 과정이라면, 이러한 적응 과정 전에
생명체들 자체에 먼저 영향을 미치는 제약(constraints)들이 있다.
그리고 우리는 생명체들이 그들이 속한 환경에 적응하기에 적
합한가 또는 그렇지 않은가가 결정되기 전에 영향을 미치는 요
인들을 헤아려 보아야 한다.

첫째, 생명체의 구조에서 비롯된 제약들이다. 예를 들면 어느
생명체이건 몸통보다 큰 머리를 가질 수 없다. 몸통의 크기가
머리의 크기를 제한하기 때문이다. 또 모든 곤충은 머리, 가슴,
배의 세 부분으로 구성된 몸의 구조를 가지며, 이 몸의 구획은
곤충의 초기 발생을 결정하고 조절한다. 둘째, 생명체가 그것의
조상으로부터 물려받은 발생의 제약들이다. 예를 들면 소가 아
무리 진화 과정을 거친다고 해도 날개가 달린 소가 될 수는 없

다. 그 이유는 소의 조상에서부터 지금의 소까지 소의 발생 과정에 날개를 만드는 과정이 없기 때문이다. 만약 어느 시기에 날개가 달린 소로 진화한다면, 이는 아마도 어마어마한 자연의 변화를 동반하여야 할 것이다. 그래서 그 자연의 변화가 소의 발생 과정을 완전히 혼란시켜 날개를 생성하는 과정이 포함되도록 해야 할 것이다. 그러나 이런 경우 소가 소의 형태로 발생할지는 의문이다. 실제로 이런 변화는 가능하지 않다. 그 이유는 소의 역사적 계통발생 과정이 이미 소의 발생을 제한하기 때문이다. 날개가 있는 소는 상상의 세계에서나 가능할 뿐 생물계에서는 불가능하다.

진화 과정에서 발생의 제약들이나 생명체 구조에서 비롯된 제약들은 자연선택 과정에서 얻어진 결과가 아니다. 이것은 자연선택과는 별개로 일어나는 현상이다. 이 제약들은 때로는 생명체들이 환경에 적응하는 데 제한적 요소가 되기도 하고, 때로는 생명체들이 자연선택되는 데 도움이 되기도 한다. 앞의 예들에서도 보았듯이, 몸통의 크기보다 큰 머리를 가진 생명체, 머리, 가슴, 배의 세 부분에서 모두 머리가 발생해 머리가 세 개인 곤충, 날개 달린 소 등은 상상 가능한 생명체들이지만, 많은 제약들의 영향으로 실제로는 가능하지 않다는 것을 이미 고찰하였다.

이와 같이 발생의 제약들이나 생명체 구조에서 비롯된 제약들은 상상 가능한 생명체들의 범위를 실제로 자연선택을 거칠 수 있는 생명체들의 범위로 제한시킨다. 그리고 이 범위에 속한 생명체들이 실제로 자연선택을 겪고 살아남아 그 주어진 환경에서 번식한다. 한편 이러한 제약들로 인해 생명체들의 범위가 실제로 자연선택을 거칠 수 있는 범위로 축소되면, 이 축소된 생명체의 범위 안에 어쩌면 최적의 완벽한 조건을 갖춘 생명체들이 존재하지 않을 수도 있을 것이다. 이 경우 최적의 완벽한 생명체들이 빠진 범위에서 자연선택 과정을 거친 생명체들도 당연히 최적의 완벽한 생명체들이 아닐 것이다. 이러한 추론은 왜 대대손손 자연선택 과정을 거치고도 최적의 완벽한 생명체들로 진화하지 않았을까 하는 의문을 풀어줄 수 있다고 생각한다.

진화의 특징

누적되는 자연선택 과정

자연선택이란 생명체와 주위 환경과의 상호작용이고, 이러한 상호작용은 대대손손 계속된다. 자연선택은 단계적인 생성 과정이어서, 완벽한 생명체들이 한꺼번에 그리고 한 번의 선택 과정을 통해 선택되는 것이 아니라 생명체와 그것이 서식하는 환경과의 단계적인 변이와 조율을 통해 이루어진다. 각각의 시기에 일어나는 자연선택은 생명체 내의 변이, 그리고 이 변이된 형질을 갖는 생명체와 그것이 서식하는 환경과의 상호조율을 통해 이루어진다. 앞선 선택 과정에서 조율된 변화는 다음에 일어나는 자연선택에서 조율되는 조건의 하나가 되어 생명체들을 선택한다. 다음의 자연선택 과정은 이 누적된 변이를 기초로 하여 생명체와 환경과의 조율 과정을 거친다. 이렇게 대대손손 계속 반복되는 자연선택 과정에서 선택의 조건들이 점점 누적된다.

조금 더 자세히 설명해 보자. 자연선택을 거쳐 환경에 적응한 생명체는 유전자상에서 무작위로 일어나는 유전형(genotype) 변이로 인해 표현형(phenotype)이 어느 정도 변한 새끼들을 낳게 된다. 이 자식세대의 유전형과 표현형은 부모의 것과 다르기 때문에 그들이 처해 있는 환경과의 선택 과정도 부모세대가 겪은 선택 과정과 다를 것이다. 그리고 자식세대가 서식하는 환경에도 변이가 일어날 것이다. 따라서 변이된 생명체들과 변화된 환경과의 끝없는 상호 대응과 조율 과정이 일어나게 된다. 이 끊임없는 조율 과정은 마치 20세기에 미국과 소련 사이에서 벌어졌던 끝을 알 수 없었던 양국 간의 군비 확대 경쟁(arms race) 과정을 연상시킨다. 나는 이와 같은 생명체들 내의 변화와 환경 자체의 변화와의 끝없는 상호 대응과 조율 과정을 진화라고 정의한다.

신속하나 완벽하지 않은 진화 과정

생명체들과 환경의 끝없는 대응과 조율 과정이란, 끊임없이 변이하는 생명체들이 그들이 속한 국부적 환경과 신속하게 이루는 상호작용이다. 진화 과정이 신속하게 이루어진다는 것은 변이된 생명체들이 그들이 서식하는 환경에 대응하여, 적응하거나 적응하지 못하거나 하는 선택의 결정이 신속하게 일어난다는 뜻이다. 이런 신속한 선택 과정이 암시하는 것은 생명체들이 매 순간 빨리 그들 주위에 있는 재료를 사용해 변이하여 진화하여야만 한다는 것이다. 그들이 속한 국한된 환경에서 가능한 한 빨리 변이를 일으켜 그 환경에 적합하게 적응하고 자손을 번식시켜야 한다. 그러므로 진화 과정이란 비록 최적으로 적합한 재료가 아닐지라도, 생명체들 주변에 있는 사용하기 용이한 재료를 빨리 구해 그것으로 일단 그들 안의 변이를 일으키고, 변이된 생명체들이 환경에 적응하여 자손을 번식시키는 과정이라고 할 수 있다. 그리고 이러한 과정은 신속하지만 완벽하지는 않다(프랑수아 야곱 François Jacob, 1977 「진화와 주먹구구식 작업」).

팬더의 엄지손가락을 예로 들어 보자. 팬더의 엄지손가락은 나머지 다섯 개의 손가락들과 마주 보는 구조를 갖고 있고, 팬더는 이 엄지손가락을 이용해 대나무를 붙잡고 먹는다. 해부학적으로 보면, 팬더의 엄지손가락은 다른 나머지 다섯 손가락과 달리 엄지손가락 고유의 뼈가 없다. 엄지손가락은 다섯 손가락의 한 뼈가 변형되어 튀어나와 생긴 가짜 손가락이다. 진화 과정 가운데 팬더 본래의 다섯 손가락 중 한 뼈가 변이되어 다른 다섯 손가락의 뼈들과 반대 방향으로 돌출되었고, 팬더의 이 돌출된 가짜손가락인 엄지손가락이 팬더가 서식하는 대나무가 많은 환경에서 팬더의 생존력, 적응력, 그리고 번식력을 높이는 데 결정적 요인이 되었다. 팬더의 엄지손가락이 완벽한 손가락이 아님에도 불구하고, 이 완벽하지 않은 형질이 팬더가 대나무가 많은 환경에서 강한 적응력을 가지고 진화하는 데 중요한 역할을 한 것이다. 신속하고 즉흥적으로 환경에 대응해야 하는 진화 과정에서는 얼마나 최적의 완벽한 생명체가 생산되는가 하는 질적 성과는 중요하지 않다. 대신에, 진화가 진정 신속하고 효과적으로 이루어졌는가의 여부가 중요하다. 그러므로 진화 과정이란 완벽한 최상으로의 과정이 아닌, 신속하나 완벽하지 못한 과정이라고 할 수 있다.

2.
다윈의 진화론에
대한 오해들

―   이 장에서는 다윈의 진화론에 대한
대표적인 세 가지 오해를 다룰 것이다.

다윈의 진화론에는 '향상'이나 '발전'이라는 개념이 있다?

―   다윈의 '진화'란 생명체들이 원시적
인 형태에서 고등해지고 완벽해지는 쪽으로 '향상'이나 '발전'
한다는 뜻이 아니다. 유전자상에서 일어나는 무작위 변이들과,
이 변이를 지닌 생명체와 그 생명체가 서식하는 환경과의 끝없
는 상호작용을 통해 생명체가 오직 고등화되는 방향으로만 진
화하리라는 보장은 없다. 진화는 고등화되는 것과는 아무 상관
없이 진행된다.

만약 다윈이 진화의 과정을 다른 많은 과학자들이 생각하였던 '위로만 움직이는 에스컬레이터'처럼 '외길의 상승 과정'으로 이해하였다면, 생명체는 계속되는 변이를 거쳐 단계마다 시기마다 향상된 형질을 가지게 되어 결국 원시적인 형태에서 고등해지고 완벽해지는 형태로 진화할 것이라고 추론하였어야 한다. 그러나 다윈의 진화론은 이들의 가설과는 분명히 다르다. 앞에서도 이야기하였듯이 다윈이 생각한 진화 과정은 '불규칙적으로 가지들이 뻗은 나무'를 연상시킨다. 지구에 있는 모든 생명체가 공통의 조상들로부터 유래하고, 마치 나무에서 여러 가지들이 자라듯 여러 다른 종들이 진화하며, 때로는 한 가지가 두 가지로 갈라지듯 어떤 종은 종분화(speciation)를 거쳐 새로운 종들로 변하여 계속 그들의 세대를 이어 가고, 또 어떤 종은 멸종하기도 하는 과정이다.

그렇다면 우리는 이 '불규칙적으로 뻗은 가지들' 중 어떤 가지가 다른 가지들보다 '고등'하거나 더 '향상'된 가지라고 말할 수 있을까? 단지 우리가 알 수 있는 것은 어떤 가지가 얼마나 최근에 새로 생겼고, 그리고 그 가지가 어느 가지에서 생겨난 것인가 하는 정도이다. 나뭇가지의 예와 같이, 공통의 조상들로부터 유래해 여러 종들이 각각의 진화 과정을 거치며 때로는 종분화되어 새로운 종들로 진화되는 과정에서, 우리는 어떤 종이 다른 종들보다 '고등'하고 '향상'된 종이라고 말할 수 없다.

예를 들어 영장류에서 인간과 원숭이의 공통 조상은 약 3,500만 년 전에서 약 2,200만 년 전 사이에 종분화되어 원숭이와 인

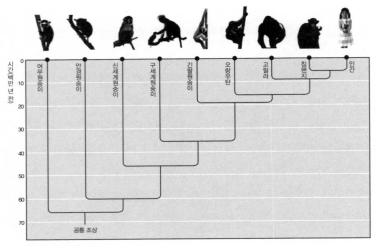

시간백만년전

여우원숭이 안경원숭이 신세계원숭이 구세계원숭이 긴팔원숭이 오랑우탄 고릴라 침팬지 인간

0
10
20
30
40
50
60
70

공통 조상

| 인류 진화의 계통발생수

간을 포함한 나머지 영장류로 각각 진화하였다. 그 후 인간과
침팬지의 공통 조상이 약 700만 년 전에 종분화되어 인간과 침
팬지로 각각 진화하였다. 인간과 침팬지의 공통 조상의 종분화
시기가 인간과 원숭이의 공통 조상이 종분화한 시기보다 최근이
기 때문에 인간은 생물학적으로 원숭이보다 침팬지에 가깝다.
그러나 침팬지의 인간과의 생물학적 유사성이 침팬지가 원숭이
보다 고등하다는 것을 의미하는 것은 아니다. 생물학적 유사성
은 단지 어떤 종들이 그들의 조상을 얼마나 최근까지 공유하다
가 분화되었나 하는 생물학적 변이의 정도를 시사할 뿐이다.
    생명 현상인 진화는 순수한 물리적 현상이다. 누구도 자연이

'의도'나 '목적의식'을 갖고 생명체들을 고등해지고 완벽해지는 쪽으로 진화시킨다고 생각하지 않을 것이다. 유전자상에서 일어나는 돌연변이나 유전자 재조합 등의 무작위 변이들은 이 변이들로 인해 일어날 생명체들의 환경 적응도, 적합도, 더 나아가 번식력을 높일 '의도'나 '목적의식'을 갖고 변이를 일으키는 것이 아니다. 또 이러한 결과를 미리 예측하고 일어나는 것도 아니다. 무작위 변이들의 특성을 보면, 자연의 진화가 생명체들이 고등화되고 완벽해지는 쪽으로 진행된다고 생각할 아무런 이유나 근거가 없다. 그리고 자연선택에서 '선택'이란 보다 고등하고 완벽한 생명체들을 선택하는 자연의 '의지가 담긴 선택'이 아니다. 1장에서 이미 살펴보았듯이, 자연선택에서 '선택'을 순수하게 물리적인 의미에서의 '여과' 과정으로 이해해야 다윈의 뜻에 가깝다. 모든 생명체들은 그들이 서식하는 특정한 환경과의 상호 대응 과정을 통해 환경으로부터 '여과'되고 적응하여 자손을 번식시킨다. 따라서 순수한 물리적 자연선택 과정은 생명체들을 고등화되고 완벽해지는 쪽으로만 진화시킬 아무런 근거가 없다.

문제를 조금 더 자세히 살펴보기 위해 18세기 철학자 데이비드 흄(David Hume)이 주장한 사실('is')과 당위('ought')의 논리적 구분을 이 문제에 적용해 보자. 흄은 사실만으로부터 당위가 논리적으로 추론되지 않는다고 주장하였다. 무엇이 어떻다고 말하는 것과 무엇은 어떠해야 한다고 말하는 것은 엄연히 다르다. 전자는 사실 진술이고 후자는 당위 진술이다. 사실 진술만으로부터 후자의 당위 진술이 유추될 수 없다. 사실 진술이란 상황을 있는 그대로, 관찰이나 실험 등을 통해 객관적으로 기술하며, 어떤 도덕적 판단도 포함하지 않는 진술이다. 예를 들면 "비가 메말랐던 대지를 적셨다."라고 말하는 것은 사실 진술이다. 그리고 이 사실 진술로부터 다른 사실 진술이 연역될 수 있다. 예를 들면 "시들었던 이끼들이 다시 살아났다."라는 사실 진술은 "비가 메말랐던 대지를 적셨다."라는 사실 진술로부터 유추될 수 있다. 그러나 "비가 메말랐던 대지를 적셨다."라는 사실 진술에서 "비는 반드시 내려야 한다."라는 당위 진술이 추론될 수는 없다. 사실만으로부터 당위가 논리적으로 유추되지는 않는다.

이제 자연선택을 서술하는 예를 들어 보자. "생명체와 그 생명체가 속한 환경과의 끝없는 상호작용으로 생명체는 진화한다."라는 서술은 사실 진술이다. 이에 반하여 "생명체는 고등화되는 방향으로만 진화한다."라는 서술은 가치판단이 들어간 당위 진술이다. 자연선택과 진화에 대한 사실 진술로부터, 진화는 생명체가 고등화되는 방향으로만 진행되어야 한다는 당위 진술은 논리적으로 추론되지 않는다. 진화 과정과 고등화 과정은 아무런 관계가 없다. 또 "인간과 침팬지의 공통 조상이 약 700만 년 전에 종분화되어 인간과 침팬지로 각각 진화되었다."라는 서술은 사실 진술이고, "인간은 침팬지보다 고등하고 우월하다."라는 서술은 당위 진술이다. 다시 말해 인간과 침팬지의 진화를 기술한 사실 진술에서부터 인간이 침팬지보다 고등해야 한다는 당위 진술이 도출되지는 않는다. 인간과 침팬지가 조상을 공유한다는 사실로부터 인간이 침팬지보다 고등하다는 당위적 결론이 추론되지는 않는 것이다. 즉 진화는 고등화나 향상의 과정과 아무 상관없이 진행된다.

다윈의 진화론은 동어반복적이므로
과학적 이론이 될 수 없다?

—   다윈의 진화론이 동어반복(tautology)이라는 오해를 풀기 위해서는 가장 먼저 동어반복의 뜻과 그 의미를 알아보아야 한다. 만약 누군가 "모든 총각은 미혼이다."라고 말하였다고 가정하자. 한국말을 아는 그 누구도 "정말이야? 그거 새로운 사실인데."라고 말하지 않을 것이다. 우리는 아마도 "(그것은) 당연한 거 아니야?"라며 반박할 것이다. "모든 총각은 미혼이다."라는 문장은 당연히 참 명제이다. 그러나 우리의 반박에는 '너무나 당연한 말이기 때문에 이 문장에는 단어들의 뜻을 통해 이야기하는 것 외에 어떤 다른 사실도 없다.'라는 뜻도 포함되어 있을 것이다. 우리는 '총각'이 '미혼 남자'를 의미하고 '미혼 남자'가 '총각'이라는 것을 안다. 다시 말해 '총각'은 '미혼 남자'로 정의된다. 뜻이 동일하다는 것은 문장에서 '총각'과 '미혼 남자'를 서로 바꿔 사용해도 문장의 뜻이나 그 진의가 변하지 않는다는 것을 암시한다. 따라서 '총각'이란 단어를 대신하여 '미혼 남자'란 단어를 사용할 수 있고, 거꾸로도 마찬

가지이다. "모든 총각은 미혼이다."라는 문장에서 '총각'을 '미혼 남자'로 대체해 보자. 그러면 "모든 미혼 남자는 미혼이다."라는 당연히 참일 수밖에 없는 문장이 된다. 결국 '총각'과 '미혼 남자'는 같은 뜻이므로 이 문장에서는 의미는 동일하지만 형태만 다른 단어들이 반복해서 쓰이고 있는 것을 알 수 있다. 이렇게 형태만 다르고 뜻이 같은 단어들이 한 문장에 반복해서 쓰인 문장을 동어반복 문장이라고 한다. 동어반복 문장의 진리는 문장에 포함된 단어들의 정의로 결정된다. 단어들의 정의는 단어들의 뜻을 알면 얻을 수 있는 지식으로, 관찰과 실험 등 경험에서 찾을 수 있는 지식은 아니다. 따라서 "모든 총각은 미혼이다."라는 동어반복적 문장의 진리를 살펴본다는 것은 오직 단어들의 의미만을 필요로 하는 분석적(analytical) 작업이다. 즉 관찰과 실험 등 과학적 경험이 필요하지 않은 경험 이전의 선험적 고찰에 해당된다.

위의 예에 대한 이해를 갖고, 다윈의 진화론이 어떻게 오해되는지 살펴보자. 만약 우리가 진화론을 최적의 개체들의 숫자를 늘리는 과정에 대한 이론이라고 이해하였다고 가정해 보자. 그러면 진화론에서 최적의 개체들이란 무엇인가라고 질문할 수 있을 것이다. 만약 우리가 진화론에서 최적의 개체들이란 생존하여 번식하는 생명체들이라고 답하였다고 가정하자. 그러면 여기에서 최적(the fittest)이란 다름 아닌 생존하여 번식한다는 의미이고, 거꾸로 생존하여 번식한다는 것은 바로 최적을 뜻한다. '최적'이란 단어와 '생존하여 번식한다.'라는 문구의 뜻이 같고,

'최적'은 '생존하여 번식한다.'라고 정의된다. 위에서 보았듯이, 뜻이 동일하다는 것은 이 단어와 문구를 서로 바꿔 사용해도 그 뜻이 변하지 않는다는 것을 의미한다. 따라서 '최적'이란 단어를 대신하여 '생존하여 번식한다.'란 문구를 사용할 수 있고, 거꾸로도 마찬가지이다. 바로 전 우리가 답하였다고 가정한 문장을 다시 살펴보자. "진화론에서 최적의 개체들이란 생존하여 번식하는 생명체들이다." 자, 이 문장에서 '최적'을 '생존하여 번식한다.'로 대체해 보자. 그러면 "진화론에서 '생존하여 번식한다'는 개체들이란 생존하여 번식하는 생명체들이다."라는 문장이 된다. '최적'이 무엇인지 설명하기 위한 문장 안에 동일한 뜻을 갖지만 형태만 다른 단어들이 반복해서 쓰이고 있는 것을 발견할 수 있다. 이것은 동어반복 문장이다. 그리고 '최적'이 무엇인지에 대답한 문장은 '최적'이 '생존하여 번식한다.'라고 정의된 사실 이외에 어떠한 새로운 설명도 하지 못한다는 것을 알수 있다. 그러므로 만약 모두가 이 정의를 안다면, 우리는 굳이 관찰과 실험을 통해 진화론에서의 '최적'이 무엇인가를 경험적, 과학적으로 설명할 필요가 없다. '최적'이 무엇인지는 '최적'이라는 단어의 의미만 알면 답할 수 있기 때문이다. 따라서 우리가 '최적'이란 '생존력과 번식력'을 뜻한다고 이해하는 한, 다윈의 진화론은 관찰과 실험 등의 과학적 경험이 필요하지 않은 분석적, 선험적 이론이 된다. 그런데 분석적이고 선험적 이론은 과학 이론이 아니다. 그러므로 진화론도 과학 이론이 아니라고 결론을 내려야 한다.

그러나 다윈의 진화론이 동어반복적이어서 과학적 이론이 될 수 없다는 논지는 진화론에 대한 오해에서 비롯된 것이다. '최적'에 대해 다시 살펴보자. 어떤 생명체가 '최적'이라는 것은 그 생명체가 서식하는 환경에 '적합도'가 높다는 뜻이다. 이러한 '최적'이나 '적합도'는 '생존력과 번식력'과 동일한 개념이 아닌 생명체의 속성들과 환경의 속성들에 수반(supervenience)하는 개념이다(Alex Rosenberg 1985, 『생명과학의 구조』).

우선 수반이라는 개념이 무엇인지 살펴보자. 수반의 개념은 윤리학에 처음으로 도입되어, '선함'이나 '정의로움' 등 도덕적 용어들이 특정한 물리적 행위 위에 수반한다는 논의에 사용되었다. 예를 들면 '선함'은 '물에 빠진 아이를 구하는 행위' 위에 수반하는 개념으로, 그러한 행위가 일어날 때 '선함'이 같이 나타난다는 논지이다. 이러한 수반의 개념은 심리철학으로 옮겨와 심신문제에 적용되었다(Donald Davidson, Jaegwon Kim). 마치 '미소'가 '입술 근육의 특정한 방향으로의 움직임' 위에 수반하고, '아름다움'이 화가 빈센트 반 고흐(Vincent Van Gogh)의 그림 '별이 빛나는 밤' 위에 수반하듯이, 마음의 비물리적 속성이 몸의 물리적 속성 위에 수반한다는 논지이다.

수반의 개념을 조금 더 자세히 살펴보자. '미소'가 '입술 근육의 특정한 방향으로의 움직임' 위에 수반한다는 뜻은 '입술 근육의 특정한 방향으로의 움직임'이 변한다면, 즉 입술 근육이 다른 방향으로 움직인다면 '미소'는 사라진다는 것을 의미한다. 그리고 만약 고흐가 자신의 그림에 빨강색 물감으로 덧칠을 하였다면, 그의 그림에 대한 '아름다움'의 정도가 변하거나 사라졌을 것이다. 이는 수반의 개념이 토대로 하는 물리적 속성이 변하면, 그 물리적 속성 위에 수반하는 속성 또한 변할 수밖에 없음을 시사한다. 토대로서의 물리적 속성이 변하면, 그와 동시에 수반의 속성이 변하기 때문이다. 수반의 속성은 물리적 속성에 의존하고, 두 속성들의 변화는 시간의 차이 없이 동시에 일어난다.

한편 '아름다움'은 여러 곳에서 발견된다. 고흐의 그림 '별이 빛나는 밤' 이외에도 수많은 그림들이 아름답다. 아름다운 것은 명화뿐만이 아니다. 세상에 있는 많은 것들이 아름답다. 그렇다면 '아름다움'은 다양한 물리적 속성들 위에 수반한다는 뜻이다. 다시 말하면 '아름다움'과 물리적 속성들과의 수반 관계는 '아름다움'과 물리적 속성이 일대일로 대응하지 않고 일대다로 대응하는 관계이다. 심신문제에서 수반에 관한 논의란, 마음의 비물리적 속성이 몸의 여러 다른 생리적 속성과 신경적 속성들인 다양한 물리적 속성 위에 수반한다는 내용이다. 비물리적인 마음의 속성인 수반 속성이 물리적 속성에 의존하고, 물리적 속성이 변하면 이와 동시에 마음의 속성이 변하는 것이다.

이제 '수반'에 대한 이해를 가지고, '최적'이나 '적합도'가 과연 생명체의 속성들과 환경의 속성들에 수반하는 속성이라고 할 수 있는지 살펴보자. 만약 환경의 속성들이 변하거나 돌연변이에 의한 생명체의 속성들이 변한다면, 그와 동시에 생명체의 최적도나 적합도도 달라질 것이다. '최적'이나 '적합도'는 여러 다양한 생명체의 속성들과 다양한 환경의 속성들에서도 찾아볼 수 있다. 이러한 사실은 '최적'이나 '적합도'가 생명체의 속성들 그리고 환경의 속성들과 일대다의 대응관계를 보이는 것으로부터 알 수 있다. 지금까지 살펴본 모든 조건들은 '최적'이나 '적합도'의 개념이 다양한 생명체의 속성들과 환경의 속성들에 수반한다는 것을 암시한다. 그러므로 '최적'이나 '적합도'의 개념은 생명체의 속성들과 환경의 속성들 위에 수반하는 개념으로 이해하고 설명할 수 있다.

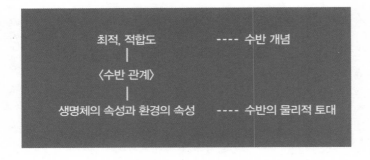

한편 '최적'이나 '적합도'의 개념을 수반시켜 주는 물리적 기반인 생명체의 속성들과 환경의 속성들은 그들 간의 상호작용을 통해 생명체의 생존력과 번식력을 결정짓는다. 다시 말하면 생명체의 속성들과 환경의 속성들의 변화로 생명체의 생존력과 번식력이 변화되므로, 전자는 원인이고 후자는 그 원인에 의한 결과가 된다. 이렇듯 생명체의 속성들과 환경의 속성들은 생존력과 번식력의 개념과 인과관계에 놓여 있다.

생명체와 환경의
물리적 속성들의 변화 ----〈인과 관계〉--→ 생존력과 번식력의
변화를 야기하다

　그렇다면 '적합도'는 '생존력과 번식력'과 어떤 관계일까? 생
명체의 속성들과 환경의 속성들 위에 수반하는 적합도의 차이
는 생존력과 번식력의 차이와 동일하지 않다. 이는 '최적'이나
'적합도'의 수반 개념이 '생존력과 번식력'의 개념과 동일하지
않다는 것을 시사한다.

최적과 적합도의 변화
　|
〈수반 관계〉
　|
생명체와 환경의
물리적 속성들의 변화 ----〈인과 관계〉--→ 생존력과 번식력의
변화를 야기하다

　따라서 우리가 '최적'을 수반 개념으로 이해하는 한, '최적'은
'생존력과 번식력'과 같은 뜻의 개념이 아니다. 앞의 다윈의 진
화론을 오해한 이들이 주장하는 "최적이 생존력과 번식력과 같
은 뜻이므로 진화론은 동어반복적이고 따라서 과학적 이론이

아니다."라는 논지는 틀린 비판이다. '최적'은 수반 개념으로 '생존력과 번식력'과는 동일개념이 아니기 때문에 진화론이 동어반복의 오류에 빠질 위험은 없다. 그리고 진화론이 동어반복적이지 않으므로 다윈의 진화론은 관찰과 실험 등 과학적 경험이 필요한 과학 이론이다.

다윈의 진화론은 실험과 관찰이 불가능하고 반증이 불가능한 비과학적 이론이다?

—   어떤 이론이 진정한 과학 이론이라면 경험적인 관찰이나 실험으로 반증 가능(falsifiable)해야 한다. 또한 왜 그리고 어떻게 그러한 자연 현상이 일어나는지 설명할 수 있어야 하며, 미래에 일어날 새로운 현상에 대해 예측할 수 있어야 한다. 그리고 그 이론이 제공하는 설명이나 예상도 관찰이나 실험으로 반증 가능해야 한다. 그렇지 않다면 그 이론은 과학이 아닌 비과학적 이론에 불과하다. 만약 다윈의 진화론이 비과학적 이론이라면, 과학 이론에 요구되는 앞의 사항들중 어떤 것도 만족시키지 못할 것이다. 그러나 이것은 빗나간예상이다.

1장에서 소개한 팬더의 엄지손가락에 대한 설명을 상기해 보자. 진화론은 팬더가 왜 그리고 어떻게 엄지손가락을 가지게 되었는지 잘 설명한다. 신속하고 즉흥적으로 환경에 대응해야 하는 진화 과정에서 팬더의 다섯 손가락 중 한 뼈가 변이되어 다른 다섯 손가락의 뼈들과 반대 방향으로 돌출되었고, 이 돌출된 팬더의 가짜손가락인 엄지손가락이 팬더가 서식하는 환경에서 팬더의 생존력, 적응력, 그리고 번식력을 높이는 데 결정적 역할을 하게 되었다는 진화론적 설명은 설득력이 있다.

　최근의 세포분자생물학의 발달은 다윈의 진화론이 관찰과 실험이 가능한 과학 이론임을 증명한다. 암 치료에 있어 심각한 문제인 세포들이 보이는 항생제에 대한 저항력을 예로 들어 보자. 약물을 투여하면 처음에는 세포들이 그 약물에 반응한다. 그러나 약물을 장기간 투여하면 점점 많은 세포들이 약물이 투여된 특정한 환경에서 그 약물에 대한 저항력을 갖게 되는데, 이러한 '약물에 대한 저항력(drug-resistant)' 현상은 다윈의 자연선택 진화론으로 설명될 수 있다. 약물을 투여하기 전에 살아남던 대부분의 세포들은 약물을 투여한 초기에는 약물에 의한 환경 변화로 살아남지 못하게 된다. 변화된 환경이 약물을 투여하기 전에 살아남던 세포들을 '여과'시키지 못한 것이다. 그러나 약물을 투여하는 횟수가 늘수록 세포 내에서 돌연변이나 유전자 재조합 등 무작위 변이가 일어나 세포들의 속성들이 변하게 되고, 이런 몇몇 세포들이 변화된 환경에서 살아남게 된다. 다시 말해 이 변화한 세포들은 약물이 투여된 환경에 잘 선택되어 살아남는 것이다. 살아남은 세포들은 투여된 약물에 영향을 받지 않는, 즉 '약물에 대한 저항력'을 보이는 세포들이라고 여겨진다. 이렇듯 약물에 대한 저항력은 실험으로 확인되고 검증된다. 또한 다윈의 진화론으로 이런 현상이 왜 그리고 어떻게 일어나는지 잘 설명된다. 진화론은 어떤 약물의 장기간 투여가 요구되는 상황에서 어떤 상황이 예상될 것이라고 설명할 수 있다. 그러므로 약물에 대한 저항력의 현상은 다윈의 진화론이 관찰과 실험이 가능한 과학 이론임을 증명하는 강력한 예이다.

한편 세포분자생물학의 발달로 종들 간에 특정한 단백질 배열의 유사성을 비교해 계통발생학상의 위치를 파악하고, 두 종이 계통발생적으로 얼마나 가까운지 밝히는 분자계통분류학의 시작은, 진화론의 계통수 이론을 반증 가능하게 한다. 또 분자계통분류학으로 새로운 종의 계통발생상의 위치도 예상할 수 있다. 예를 들면 사이토크롬 C(cyctochrome c) 단백질은 곰팡이에서부터 인간까지 모두 갖고 있는 단백질이다. 인간과 침팬지의 이 단백질의 아미노산 배열을 비교해 보니, 두 실험군에서 104개의 아미노산들이 정확히 같은 배열로 구성되어 있다는 것이 드러났다. 그러나 인간과 원숭이, 말, 그리고 참치의 단백질의 배열을 비교해 보니, 원숭이는 1개의 아미노산, 말은 11개의 아미노산, 그리고 참치는 21개의 아미노산이 인간의 아미노산과 각각 달랐다. 이 단백질의 아미노산 배열의 유사성의 정도는 얼마나 공통 조상이 가까운지를 반영한다. 인간과 침팬지의 공통 조상이 계통발생상 가장 가까운 시기에 존재하였고, 다음은 원숭이와의 공통 조상, 말과의 공통 조상, 그리고 참치와의 공통 조상의 순으로 존재하였다는 것을 짐작할 수 있다. 이와 같이 분자생물학의 실험은 다윈의 진화론이 실험 가능하고 반증 가능한 과학적 이론임을 보여 준다.

3.
종의 개념과
문제점

다윈 이전의 종의 개념과 본질주의

—   기원전 4세기에 아리스토텔레스는
'무엇을 그것이게끔 해 주는 것, 이것 없이는 무엇이 그것일 수
없는 것(that without which something is not itself)', 즉 본질(essence)의 개
념을 도입해 자연세계를 설명하였다. 그는 모든 생명체 안에 무
엇을 그것이게끔 해 주는 불변의 본질적 속성이 있다고 주장하
며, 이 내재된 본질로 종을 구분하였다. 모든 종은 변하지 않는
본질을 가지고 있고, 이 본질이 그 종을 그것이게끔 규정해 주
며 다른 종과 구분지어 준다고 본 것이다. 예를 들면 사자와 코
끼리는 그들 각각에 내재된 본질적 속성이 있고, 이 본질들은
불변하며 다른 본질과 상이하다. 사자의 본질과 코끼리의 본질
이 다르므로 사자와 코끼리는 다른 종이다. 이러한 아리스토텔

레스식의 본질주의에 입각한 종의 개념은 오랫동안 사람들에게 아무 의심 없이 받아들여졌다.

18세기에 칼 본 린네(Carl von Linné)는 생명체들을 분류하는 데 있어 계층적 방법을 도입하였다. 그는 종을 분류 체계에서 가장 낮은 범주로 보고, 종 위의 높은 범주는 속(Genus), 속 위의 높은 범주는 목(Order), 목 위의 높은 범주는 강(Class), 강 위의 높은 범주는 계(Kindglom)로 상정하여 생명체들을 분류하였다. 현대 분류학은 린네의 분류 방법을 계승하여 린네의 계층적 분류 체계에 속의 범주와 목의 범주 사이에 과(Family)의 범주를 추가하고, 전체 범주를 더욱 세밀하게 나누어 총 범주의 수를 늘려 사용하고 있다. 또한 린네는 학명 명명법으로 아리스토텔레스의 정의(definition)의 방법을 응용하여 생물의 종과 속의 이름으로 구성된 이명법(二名法, binomial nomenclature)을 제안하였다. 린네의 명명법 또한 현재까지 생물 분류에서 쓰이고 있다. 린네의 계층적 분류 체계와 이명법을 살펴보면, 생명체들 각각에 그것을 그것이게끔 규정짓는 본질을 상정하여, 이 내재된 본질이 다른 본질과 달라 이 본질적 속성에 따라 종을 분류할 수 있다고 전제하고 있다. 다시 말해 각각의 종에 속하는 개체들이 다른 종에 해당하는 개체들과 아무런 특성을 공유하지 않는 확연히 다른 개체들의 집단이라고 가정하고 있는 것을 알 수 있다. 우리는 이러한 린네의 사고가 우리가 위에서 논의한 아리스토텔레스의 본질주의에 입각한 종의 개념을 계승하고 있다는 것을 알 수 있다.

다윈의 종의 개념과 반본질주의

―   다윈은 『종의 기원』에서 제시한 계
통수의 논지로 기원전 4세기부터 자리 잡고 있던 본질주의와
린네의 종의 개념에 반기를 들었다. 다윈에 의하면 종은 다른
종으로 변형되기도 하고, 두 개 이상으로 분화되기도 하며, 때
로는 사멸되기도 한다. 이에 대해 자세히 살펴보자.

원래의 종은 돌연변이나 유전적 표류, 그리고 유전자 재조합
같은 무작위 변이들로 인해 다른 종으로 변형된다. 또 생명체들
이 강이나 사막 같은 지리적 요건의 변화로 오랫동안 고립되면,
같은 종 간에 원만히 진행되던 유전자의 교환이 중단되고, 고
립된 채 진화한 종의 개체들은 원래의 종과는 다른 변형 형태를
지니게 된다.

때때로 한 종의 생명체들이 그들이 서식하는 환경을 옮기
게 되는 경우에도 원래의 종과는 다른 종으로 변형된다. 예를
들면 200년 전에 사과파리(Apple maggot flies)의 조상은 산사나무
(Hawthorn)에만 알을 깠다. 그러나 현재는 같은 종의 파리들이
산사나무뿐만 아니라 일반 사과나무에도 알을 깐다. 일반적으
로 수컷 파리들은 그들이 자란 나무에서 짝을 짓고, 암컷들도
그들이 자란 나무에 알을 깐다. 따라서 일반적으로 산사나무에
서 자란 파리들은 산사나무에서 짝을 짓고 알을 까며, 일반 사
과나무에서 자란 파리들은 사과나무에서 짝을 짓고 알을 간다.
이러한 현상은 200년 전에는 사과파리들의 유전자 교환이 산
사나무에서만 이루어지다가, 같은 종의 사과파리의 많은 수가

서식지를 산사나무에서 일반 사과나무로 옮김으로써 가능해진 결과이다. 그에 따라 현재는 산사나무에 서식하는 사과파리들의 유전자 교환과 일반 사과나무에 서식하는 사과파리들의 유전자 교환으로 나누어진 것이다. 오랜 기간 동안 이런 현상이 지속되는 한, 사과파리의 종의 분화는 피할 수 없을 것이다.

위의 예에서 보듯이, 다윈의 종의 개념은 끊임없이 변화하는 진화 과정에서 변형되고 분화하는 생명체들을 의미한다. 다윈의 '종'은 그것을 그것이게끔 해 주는 불변하는 본질의 존재를 지닐 수 없다. 변화하는 진화 과정에서 불변하고 고정된 본질적 속성을 가진 생명체는 변형되고 분화할 수 없기 때문이다. 그러므로 변화의 진화 과정을 인정하는 한, 불변하고 고정된 본질적 속성의 존재를 받아들일 수 없다. 다윈의 종에 대한 통찰은 아리스토텔레스와 린네를 포함한 다윈 이전의 과학자들이 주장하였던 본질주의에 입각한 종의 개념에 의문을 제기한다.

다윈 이후의 종의 개념들과 문제점들

—   20세기에 들어와 계통 분류학과 유전학, 그리고 진화론을 통합하려는 시도가 이루어졌고, 이와 더불어 종의 개념에 대한 논의가 활발하게 진행되었다. 대여섯 가지의 종의 개념들이 제안되었고, 나는 그중 대표적인 네 가지 종의 개념들을 살펴보고자 한다.

형태학적(phenetic) 종의 개념

우리가 가장 쉽고 편리하게 사용해 오고 있는 개념은 형태학적 종의 개념이다. 이 종의 개념에 따르면, 종이란 전체적인 형태상의 유사점을 공유하는 생명체들의 집단으로, 형태상의 차이로 서로 다른 종을 구분할 수 있다. 생명체의 전체적인 형태상의 특성으로는 그들의 생김새뿐 아니라, 생명체의 구조나 생리 기능 등도 고려된다. 예를 들면 사자는 코끼리와 생김새, 몸구조, 생리 기능 등 전체적인 형태상의 차이가 있으므로 코끼리와 다른 종인 것이다.

그러나 형태학적 종의 개념은 많은 문제점을 가지고 있다. 우선, 형태학적 유사점과 차이점을 분별하는 작업이 필연적으로 주관적일 수밖에 없다는 것이 가장 큰 문제이다. 모든 생명과학자들, 특히 분류학자들이 저마다 다른 관점과 주제를 가지고 연구하고 있어, 개체들 간에 어느 특정한 형태학적 특성이 유사하고 어느 특성이 다르다고 합의하기란 그리 쉽지 않다. 형태학적 종의 개념이 갖는 두 번째 문제는 같은 종이라도 암컷과 수컷의 형태학적 특성이 매우 다른 경우들이 있다는 것이다. 예를 들면 삿갓조개(barnacle)와 아귀(anglerfish)의 수컷은 그들의 암컷들과 비교하면 아주 작은 기생충 정도의 크기여서 '난쟁이 수컷(dwarf male)'이라고 불리기도 한다. 그러나 이런 암수 간의 커다란 형태적 차이에도 불구하고, 이들은 동일종이다. 그런데 형태학적 종의 개념은 이러한 암수들이 같은 종에 속하는 것을 설명하지 못한다. 즉 형태상의 차이로 종을 구분하기는 충분하지 않다.

생물학적 종의 개념

1942년 에른스트 마이어(Ernst Mayr)는 『동물학자가 본 계통분류학과 종의 개념』에서 종을 실제적이고 잠재적으로 이종교배가 가능한 집단이라고 정의하였다. 같은 종이란 형태상으로 유사한 집단이 아닌, 인과적이고 역사적으로 교배 가능성이 있는 집단이다. 비록 서식지를 공유하고 있더라도 이종교배가 이루어지지 않으면 다른 종이다. 서양의 들종다리(Meadowlarks) 새는 동양의 들종다리 새와 형태상으로 거의 동일하다. 그러나 이들 간에 이종교배가 이루어지지 않으므로 두 종류의 들종다리는 각각 다른 종이다. 이렇듯 생물학적 종의 개념이 정의하는 종이란 이종교배가 가능하고 이 교배로 생식이 가능한 자손을 생산할 수 있는 집단을 가리킨다.

그러나 생물학적 종의 개념도 많은 것을 설명하지는 못한다. 첫째, 마이어가 주장한 실제적이고 잠재적으로 이종교배가 가능한 집단이 종이라는 정의에 문제가 있다. 소위 '햄릿 물고기(Hamlet fish)'라고 불리는 여러 종류의 어류인 히포플랙트러스(Hypoplectrus)는 같은 바다에 서식하므로 잠재적으로 교배 가능성이 있으나 실제로는 교배를 하지 않는다. 따라서 잠재적으로 이종교배가 가능할지라도 실제로 교배를 하지 않는 집단의 예는 메이어의 종의 개념에 어긋난다. 마이어는 이후 그의 종의 개념에서 '잠재적'이란 말을 생략하고 종을 실제적으로 이종교배가 가능한 집단이라고 재정의하였다(Mayr 1969, 「토론: 생명과학 철학에 대한 주석들」). 둘째, 생물학적 종의 개념은 현재 살아 있는 생명체 집단들은 잘 설명하지만, 죽은 생명체 집단들도 설명할 수 있는지는 의문이다. 과거 어느 진화 과정상에서 이런 이종교배가 가능하였는지 알 수 없으므로, 죽은 생명체 집단들을 생물학적 종의 개념을 이용해 분류하는 것은 불가능하다. 마지막으로 생물학적 종의 개념의 가장 큰 문제는, 이 개념에는 모든 생명체 집단들이 유성생식(sexual reproduction)인 이종교배를 한다는 전제가 요구되는데, 동물계에는 박테리아 같은 무성(asexual) 생명체들이 많다는 점이다. 무성생식을 하는 생명체들은 유성생식을 종의 기준으로 삼는 생물학적 종의 개념으로 분류할 수 없다. 그래서 유성생식을 하는 집단들만 분류할 수 있는 생물학적 종의 개념도 충분하지 않다.

계통발생학적(phylegenetic) 종의 개념

계통발생이라는 단어가 말해 주듯이, 이 개념은 종을 특정한 조상과 그 계보에 해당하는 생명체들의 집단이라고 정의한다. 계통발생학적 종의 개념을 좀 더 자세히 이해하기 위해, 나무에서 가지들이 뻗어 자라고 각각의 가지들이 둘 이상의 가지들로 분기되어 자라는 일련의 모습을 상상해 보자. 만약 계통수가 이런 나무의 모양을 지녔다면, 지구에 생존하는 모든 생명체들은 그들 각각이 하나의 부모 계통에서 둘 이상의 자식 계통들로 분열되어 진화된 결과물이라고 짐작할 수 있다. 다시 말해 계통수란 지구에 살아 있는 생명체들의 조상들과 그 후손들과의 관계들의 종합체라고 이해할 수 있다. 이런 계통발생적 시각으로 이해한 계통수에서 각각의 종이란 아마도 한 가지에서 두 개의 새로운 가지들로 분기되기 전까지의 부분이라고 생각할 수 있다.

그러나 계통발생학적 종의 개념도 그리 만족스럽지 않다. 이 종의 개념은, 위에서 살펴보았듯이 하나의 부모 계통이 둘 이상의 자식 계통들로 분열되는 분기진화(cladogenesis)에 근거한다. 그런데 박테리아와 같은 무성 생명체들은 많은 수의 종을 가지고 있다. 이러한 무성 생명체들의 종은 계통발생학적 종의 개념으로는 분류할 수 없다. 따라서 계통분열을 기준으로 종을 정의하는 계통발생학적 종의 개념도 충분하지 않다.

개체들(individuals)로서의 종의 개념

1970년대 일군의 학자들은 본질을 지닌 자연종(natural kinds)이 아닌 개체를 종이라고 정의하였다(Michael Ghiselin 1974, 『자연의 경제성과 성별의 진화』; David Hull 1978, 「개체의 문제」). 종은 공간과 시간의 제약에서 벗어나 불변하는 존재인 자연종이 아닌, 환경과 진화 과정의 긴 시간에 영향을 받는 역사적 그리고 인과적으로 연결된 개체라는 것이다. 지금까지 살펴본 앞의 세 가지 종의 개념들은 종을 어떤 불변하는 기준에 의해 정의하며, 종을 개체들이 아닌 개체의 집단으로 생각하였다. 그러나 종이 공간과 시간의 제약을 받는 역사적 그리고 인과적으로 연결된 개체라는 주장은 진화 과정에서는 종을 구분할 수 있는 불변하는 기준이나 척도가 있을 수 없고, 단지 역사적 그리고 인과적으로 느슨하게 연결된 각각의 생명체들이 종이라는 뜻이다. 끊임없이 변화하는 진화 과정을 생각하는 한, 이 개체로서의 종의 개념이 앞의 세 가지 종의 개념들보다 일리가 있다고 생각한다.

그러나 사실 많은 종들은 무성생식을 하는 생명체들이고, 이들의 생식형태는 동일 종 안에서 유전자가 교환되는 교배가 아니다. 교배는 유성생식을 하는 종들만이 가능하다. 같은 세대에 자란 무성 생명체들의 종들은 한 종 안에서 유전자를 교환하지 않는다. 다시 말해 같은 세대에 자란 무성 생명체들은 서로 아무런 인과적 연관이 없다. 이들은 서로의 조상과는 역사적으로 연결된 개체들이지만, 같은 세대에 자란 같은 종의 구성원과는 인과적으로 연결되어 있지 않다. 그러나 이들은 인과적으로 연관이 없더라도 같은 종이다. 따라서 종을 역사적 그리고 인과적으로 연결된 개체라고 정의하는 것은 무성생식을 하는 생명체들의 종을 올바르게 분류할 수 없게 만든다. 개체로서의 종의 개념 또한 앞의 세 개념들처럼 그리 만족스럽지 못하다.

종을 어떻게 이해할 것인가

지금까지 종의 정의를 가장 잘 대표하는 네 가지 개념들을 살펴보았다. 형태학상의 유사성으로 종을 정의하는 형태학적 개념, 교배 가능성으로 종을 정의하는 생물학적 개념, 계통 분열로 종을 정의하는 계통발생학적 개념, 그리고 역사적 인과적으로 연결된 개체로서 종을 정의하는 개념을 살펴보았다. 동시에 이 대표적인 네 개념들 중 어느 하나도 지구 상에 존재하는 모든 생명체들을 만족스럽게 설명하지 못한다는 것을 알 수 있었다. 그렇다면 지금까지 논의한 종의 개념들이 모두 잘못된 것인가? 만약 그렇다면 종을 정의할 개념이 없다는 뜻이고, 종이란 정의할 수 없는 그 무엇이라는 의미인가?

종 개념에 대한 다원론(pluralism)을 받아들이는 이들은 지금까지 논의한 종의 개념들이 모두 틀렸다고 생각하기보다는, 각각의 개념들이 어느 정도의 설명력을 갖고 있어 특정한 생명체에 대해 특정한 상황에 따라 여러 종의 개념들 중 하나를 선택해 사용하면 된다고 주장한다. 예를 들면 박테리아 같은 무성 생명체들의 종의 분류는 생물학적 정의나 계통발생학적 정의, 또는 개체로서의 종의 정의가 아닌 형태학상의 유사성으로 종을 분류하는 형태학적 개념을 선택해 분류할 수 있다. 그러나 종 개념의 다원론에 반대하는 일원론자들에게는 다원론자들의 이러한 논지가 하나의 올바른 종의 개념을 제시할 수 없기 때문에 하는 변명처럼 들린다. 특정한 생명체에 어느 종의 개념을 사용해야 할지 결정하는 것은 지극히 주관적이고 임의적이다. 종의 개념을 결정하는 올바른 기준이 제시되지 않는 한, 종 개념의 다원론적 주장은 믿거나 말거나 한 논지로 전락되기 쉽다. 비록 일원론자들의 이러한 반박이 일리는 있으나, 일원론자들 또한 충분히 만족스러운 종의 개념을 제시하지 못하고 있는 것이 사실이다.

지금까지의 논의로부터 나는 종을 어떤 고정된 기준이나 개념으로 정의할 수 없다고 본다. 사실 끊임없이 변화하는 진화과정에서 고정 불변하는 종의 기준이나 개념이 가능하지 않은 것은 어떻게 보면 당연한 것이다. 종이란 불변의 본질을 가지고 있지 않고, 또 정의할 수 있는 고정된 기준이 없어 그것의 개념을 규정할 수 없다. 이러한 사실은 종이란 실제로 존재하지 않는다는 결론을 이끌어 내고 있다. 그렇다면 우리는 어떻게 실제로 존재하지도 않는 종을 여전히 존재하는 것처럼 여기며, 이 '종'을 사용해 생명체들의 집단을 분류하고 있는가?

계통수에 대한 다윈의 통찰을 다시 생각해 보자. 그가 주장한 계통수는 조상과 후손의 관계를 표현하는 계통의 의미로, 원래 그의 계통수에는 '고정불변하는' 종의 존재에 대한 가정이 없었다. 그에게 있어 종은 진화의 분화 과정에서 임의의 어느 한 위

| 다윈의 계통수(Tree of Life) 스케치[출처: 다윈의 공책B: 종의 변형(*Transmutation of Species*), 1837–1838, 36]

치를 뜻하는 것 그 이상도 그 이하도 아니었다. 조상과 자손의 계통 관계에서 다윈이 상정한 것은 종이 아닌 개개의 생명체들이었음을 짐작할 수 있다. 종이란 단지 계통을 설명하기 위한 임의의 단어로 생명체들을 비교 분류할 때 쓰이는 도구라고 생각할 수 있을 것이다. 따라서 종이 실제로 존재하지 않더라도, 우리는 여전히 '종'이란 단어를 유용한 도구로써 사용하며 생명체들을 분류할 수 있다.

계층적 분류 체계와 문제점들

— 종의 존재가 없고 고정된 종의 개념이 없는 상황에서, 분류학자들이 지금까지 사용하고 있는 린네의 계층적 분류 체계는 어떤 의미를 지닐까? 린네는 그의 계층적 분류 체계에서 가장 낮은 등급을 종이라고 간주하고 종 위로 높은 등급인 속, 목, 강, 계의 범주를 차례로 상정해, 이 다섯 등급에 따라 개체 집단을 분류하였다. 린네의 다섯 등급의 계층적 분류 체계는 종이 존재하고 종의 개념이 있다는 전제 하에 세운 학설이었다. 그러나 이 전제가 보장되지 않는다면, 린네의 계층적 분류 체계는 사상누각에 불과할 것이다.

한편 20세기에 들어와서 진화분류학자들은 개체군들의 형태와 생태의 다양성이 린네의 계층적 분류 체계에서 등급을 결정한다고 이해하였다. 개체군이 형태상 다양할수록, 그리고 생태적으로 보다 넓은 지역에서 생존할수록, 린네의 계층적 분류 체계에서 보다 높은 등급을 차지한다. 그러나 형태상으로 다양하다거나 생태적으로 넓은 지역에서 생존한다는 기준은 너무 모호하다. 예를 들면 달팽이과와 포유류과의 형태상의 다양성과 생태적 범위를 살펴보면, 달팽이과가 포유류과에 비해 형태상으로 더 다양한 반면에, 포유류과가 달팽이과에 비해 생태적으로 보다 넓은 지역에서 생존한다. 달팽이과나 포유류과 어느 한 과도 형태상의 다양성과 생태적 다양성을 모두 나타내지 않는다. 따라서 형태상의 다양성과 생태적 다양성으로 달팽이과와 포유류과를 비교할 수 없기 때문에 이들 중 어느 것이 린네의 계층적 분류 체계에서 보다 높은 등급을 차지하는지 알 수 없게 된다. 이것은 린네의 계층적 분류 체계에서 등급을 결정하는 기준이 분명하지 않다는 의미이다. 그렇다면 모호한 기준으로 등급을 결정하는 것이 타당할까? 그렇지 않다. 분명하지 않은 기준으로 계층적 분류 체계에서 등급을 결정한다는 것은 지극히 주관적이고 임의적이다. 몇몇의 생명과학자들은 이런 임의적인 등급의 접근방법에 반대하고, 등급이 없는 계통발생분류학을 제안하기도 한다(Brent Mishler, Michael Donoghue 1982, 「종의 개념: 다원론의 사례」).

등급은 린네의 계층적 분류 체계에서 계층을 구성한다. 등급을 결정하는 것이 실제로 모호하고, 따라서 등급의 체계가 세워지지 않는다면, 린네의 계층적 분류 체계는 학설로서 아무런 가치가 없게 된다. 더불어 위에서 논의한 바와 같이 종의 존재가 없고 그 개념 또한 존재하지 않는다면, 린네의 계층적 분류 체계에서 제일 낮은 등급인 종의 범주 위로 높은 등급들을 상정하는 것도 불가능하다. 설령 종의 존재를 무시하고 그 위로 높은 등급들을 배치하려고 해도 등급을 결정할 수 있는 기준이 모호하기 때문에 등급 결정이 불가능하여 등급들을 배치할 수 없게 된다. 그렇다면 분류 체계에서 등급을 배제시켜야 하는데, 등급을 없애면 린네의 계층적 분류 체계가 자연세계를 반영하고 있다는 근거가 없어진다. 결국은 린네가 등급으로 자연세계를 분류하려는 시도는 실패로 돌아가게 된다. 나는 자연세계에는 원래부터 등급이나 계층이 없었다고 생각한다. 등급과 계층은 자연세계를 우리 나름대로 이해하기 위해, 그리고 자연세계의 정보들을 체계적으로 정리하기 위해 우리가 임의로 도입한 도구에 불과하다.

한편 린네의 계층적 분류 체계를 받아들이며 계통발생학적 종의 개념을 주장하였던 일군의 생명과학자들은 하나의 조상에서 둘 이상의 자식 계통들로 분열되는 분기점을 종 분화라고 이해하였다. 이들에 의하면 생명체들을 계층이나 등급으로 분류할 때 종 위의 높은 등급들은 원래 하나의 조상에서 분열된 여러 종들의 집단이다. 다시 말해 하나의 조상에서 진화한 모든 자손들은 한 집단으로 분류된다. 그러나 종의 존재가 없고, 다윈이 생각하듯이 종이란 진화의 분화 과정에서 임의의 어느 한 위치를 뜻한다면, 분기진화학자들의 주장대로 지구에 살아 있는 생명체들이 단일 계통을 형성하고 있다고 믿을 만한 근거가 없어진다. 나는 우리가 진정한 종의 존재란 없으며 또 고정된 종의 개념도 부재함을 받아들인다면, 생물계가 나무 모양의 분기 형태로 표현될 수 없다고 생각한다. 생물계란 그저 개체들이 역사적으로 그리고 계통적으로 연결되어 있는 상태가 아닐까?

분기진화학을 주장하는 대표적 생명과학자인 윌리 헤니그(Willi Hennig)는 종과 그 이외의 범주에 대한 모든 논의가 사실 개개의 생명체들의 관계들로 구성된 '천(fabric)' 같은 전체 구조를 이해하지 못한 상태에서 돌출된 토론이 아닐까 염려하였다. 그리고 최근 생명과학철학자인 피터 가프리스미스(Peter Godfrey-Smith 2014, 『생명과학철학』)는 나무 모양을 본뜬 계층적인 계통수에 대한 논의에 문제점들이 많고 그 문제점들이 전혀 해결되지 않았음에도 불구하고, 일군의 생명과학자들은 이런 '계통수'를 너무 오랫동안 붙들고 있었다고 지적한다. 그러면서 하나의 조상으로부터 계통 발생하는 여러 종들의 진화를 묘사하던 나무 모양의 계통분화에 대한 시각은 자연계의 존재론적 체계를 제대로 반영하는 옳은 방법이 아님을 인정해야 한다고 주장한다. 가프리스미스는 새로운 존재론적 체계인 '생명의 망(net of life)'으로 논의해야 한다고 조심스럽게 제안하였고, 나도 여기에 동의한다. '생명의 망'이란 높고 낮은 범주들의 계층적 체계가 아닌, 계층이 없는 동일한 등급에 존재하는 모든 생명체들이라고 이해할 수 있다. '생명의 망'은 개체들 간의 조상과 후손의 관계인 계통을 표현하는 데 아무런 지장을 주지 않으므로, 새로운 행태의 '계통망'으로 이해해도 무방하다. 따라서 나는 다윈의 계통수를 '계통망'으로 대체하여 '계통망'의 시각으로 지구의 생물계를 이해할 것을 제안한다. 계통망 안에서 개개의 생명체는 계통적, 그리고 역사적으로 연결된 개체들로 정의된다고 제안한다. 계통망의 설명력에 대한 자세한 논의는 지면상의 이유로 다음 기회로 미루기로 한다.

4.
생물학적
기능

—　　　　　　　　　생명체의 형질을 이해하고 설명하기 위해서는 그 형질의 기능을 언급하지 않고서는 불가능하다. 심장이 무엇인지 정의하고 설명하기 위해서는 심장을 구성하는 물질이나 심장의 구조보다는 심장의 기능이 무엇인지, 심장이 생명체에서 어떤 역할을 하는지에 대한 충분한 설명이 있어야 한다. 또 날개가 무엇이지는 날개를 구성하는 물질이나 날개의 구조가 아닌 날개가 갖는 기능으로 정의되고 설명된다. 이러한 기능에 근거한 정의나 설명은 단지 심장이나 날개에만 적용되는 것이 아니다. 크게는 생체의 형질, 생체기관, 생체조직, 작게는 세포, 단백질, 유전자에 걸쳐 많은 자연물들이 그것들이 가진 기능으로 정의되고 설명된다. 이렇듯 생물계에 있는 형질을 이해하고 설명함에 있어서는 그 형질이 생명체에서 어떤 임

무를 수행하고 있는지에 대한 설명이 요구된다. 이렇게 많은 형질들이 기능으로 정의되고 설명되는 것은 생명과학적 설명이 가진 독특한 성격이다.

그렇다면 생물학적 기능이란 무엇인가? 왜 누구나 날개의 기능은 비행하는 것, 그리고 심장의 기능은 혈액을 펌프하는 것이라고 생각할까? 아마도 많은 이들은 생물학적 기능이 무엇인지 잘 알고 있어, 눈의 기능이 무엇인지, 신장의 기능이 무엇인지, 한 순간의 망설임도 없이 즉시 대답할 수 있으리라고 생각할 것이다. 눈의 기능은 보는 것이므로 눈이라는 형질은 사물들을 보기 위하여 존재하는 것이고, 신장의 기능은 체내에 있는 불순물을 거르는 것이므로 신장은 체내의 불순물을 거르기 위해 존재한다는 식으로 생각할지도 모르겠다. 만약 이들의 생각이 옳다면 형질들을 포함한 자연물들의 기능들은 그 자연물들이 존재하는 이유이며, 자연물들은 그들의 기능을 발휘하기 위한 목적을 가지고 존재한다는 뜻이다. 다시 말해 자연물들에는 저마다 고유한 기능이 정해져 있고, 이들은 각자의 기능을 발현시키려는 목표를 가지고 있다는 것이다. 고정 불변하는 기능이 자연물에 내재하고, 이 기능을 발휘하는 것이 그 자연물이 완수해야 할 임무라는 의미이다. 이렇게 목적이나 목표에 근거한 사고는 다윈 이전에 아리스토텔레스가 시작한 목적론적(teleological) 방법에서 유래한 이해 방식이다.

아리스토텔레스의 목적론적 기능

―   아리스토텔레스는 모든 생명체들
에 목적(telos)이 내재되어 있다고 믿으며, 이 목적을 가지고 생
명과학 현상을 이해하려고 시도하였다. 예를 들면 올챙이가 개
구리로 성장해야 하는 목적이 올챙이 안에 처음부터 자리 잡고
있어, 올챙이는 이 목적을 실현하기 위해 성장해 나간다고 설명
하였다. 또 도토리에는 참나무로 자라야 하는 목적이 내재되어
있기 때문에 도토리는 참나무로 자란다고 설명하였다. 아리스
토텔레스가 생명체에 내재하는 목적을 상정한 근거는 생물계
를 관찰한 결과 거의 언제나 규칙적인 변화를 보이고 있었기 때
문이다. 올챙이는 거의 언제나 개구리로 성장하고, 도토리는 거
의 언제나 참나무로 자라는 자연 현상의 관찰은 생물계의 모든
변화들이 법칙과 규칙에 따라 이루어진다는 믿음을 갖게 하였
다. 그는 자연세계에서의 법칙적이고 규칙적인 변화들은 생명
체들 각각에 내재하는 고정 불변한 목적의 실현으로 가능하다
고 생각하였다. 이것은 우연이나 무작위의 변화를 허용하지 않
는다는 것을 암시한다. 이와 같이 아리스토텔레스의 목적론적
방법은 생물계가 지닌 법칙성과 규칙성을 반영하며, 더 나아가
생명체들이 어떠해야 한다는 규범(normativity)을 보여 준다.

　하지만 아리스토텔레스의 목적론적 설명 방법에는 많은 문제
점들이 있다. 올챙이 안에 개구리로 성장해야 하는 목적이 처음
부터 자리 잡고 있어 올챙이는 이 목적을 실현하기 위해 성장해
나간다는 목적론적 규범적 설명은, 현재의 올챙이의 특성을 시

간이 흐른 후 개구리로 성장할 올챙이의 미래의 결과를 가지고 설명한다. 도토리에는 참나무로 자라야 하는 목적이 내재되어 있어 도토리는 참나무로 자란다는 설명도 참나무로 자랄 도토리의 미래의 결과에 비추어 도토리의 기능을 설명한다. 이러한 설명법은 우리가 받아들이고 있는 올바른 인과관계인 현재의 사건이 이후의 사건을 인과적으로 초래한다는 설명 방향에 역행하는 역행 인과관계(backward causation)에 근거한다. 이런 역행 인과관계로의 설명은 올바른 과학적 설명이 아니다. 따라서 아리스토텔레스의 목적론적 설명 방법은 과학적 설명 방법이 아니다. 한편 아리스토텔레스의 목적론적 설명에 따르면 마치 생명체들이 목적을 실현하고자 하는 의지(intention)를 가지고 있는 것처럼 이해된다. 올챙이가 개구리로 성장하기 위한 의지를 갖고 발생 과정을 거치는 것처럼 생각되고, 도토리가 참나무로 자라는 과정이 도토리에 내재된 목적을 실현하려는 도토리의 의지가 담긴 생명 현상의 진행 과정으로 이해될 수 있는 여지가 있다. 이렇게 의인화된 의지를 동반하는 아리스토텔레스의 목적론적 설명은 올바른 과학적 설명이 아니다.

다윈의 자연주의적 기능

—   다윈은 생명 현상을 설명하기 위해 기존 목적의 개념을 새로운 생물학적 기능의 개념으로 대체하며, 비과학적이던 목적론적 설명 형태를 자연주의적(naturalistic)

이며 물질주의적(materialistic)인 기능적 설명 체계로 바꾸었다. 예를 들어 독수리가 왜 큰 날개를 가졌는지 설명하기 위해 독수리에 내재되어 있다고 잘못 믿어졌던 '목적'의 존재에 대해 더 이상 거론하지 않는다. 대신 독수리가 왜 큰 날개를 가졌는지를 독수리의 날개가 갖고 있는 생물학적 기능으로 설명한다. 즉 이 기능으로 독수리가 어떻게 물질주의적인 자연선택 과정을 통해 그러한 구조의 날개를 갖게 되었는지를 인과적으로 설명한다. 생명 현상의 설명에 자연선택이라는 물질적이고 기계적인 과정이 거론되기 시작한 이후부터 신비하던 '목적'의 개념이 사라지고 고정불변하다고 믿었던 '목적'의 존재가 제거되었다. 또 끊임없이 변화하는 진화 과정에서 생명체가 어떻게 변화해야 한다는 규칙적이고 규범적인 시각이 재고되기 시작하였다.

다윈의 진화론 이후 목적론과 의인화된 의지를 완전히 제거한 기능을 정의하기 위한 끊임없는 시도들이 있었다. 이러한 시도들은 목적과 의지라는 개념이 우리의 언어체계에, 특히 생명과학자들이 사용하는 언어체계에 너무나 오랫동안 뿌리 깊게 자리 잡고 있어서 사용하는 단어가 기능에 해당하는 단어로 바뀐다고 해도 목적과 의지라는 의미가 쉽게 없어지지 않는다는 점을 잘 보여 준다. 어떤 이들은 목적과 의지의 단어들을 완벽히 제거할 수 없다면, 이들을 단지 은유(metaphor)적 표현으로 취급하면 된다고 주장하기도 하고, 또 어떤 이들은 목적이란 생명과학적 설명이 갖는 유일한 특성이므로 제거할 수 없는 속성이라고 주장하기도 한다.

1970년대부터 시작된 기능에 대한 논쟁

— 1970년대 들어와 래리 라이트(Larry Wright 1973, 「기능들」)와 로버트 커민스(Robert Cummins 1975, 「기능적 분석」)가 제안한 기능에 대한 상이한 정의들로 생물학적 기능에 대한 첨예한 논쟁이 시작되었다.

자연선택으로 이해한 생물학적 기능

라이트는 기능이 나타날 때의 과거의 상황(backward-looking)과 그 원인(etiology)에 초점을 맞추어 생물학적 기능을 이해하려고 하였다. 형질이 어떤 기능을 갖는다는 것은 그 형질이 그 기능을 수행하기 위해서 그 상황에 존재하는 것이다. 그러한 기능을 수행하는 것이 그 형질이 존재하는 이유이며, 그 형질이 그러한 기능을 수행하는 것은 그 형질이 왜 존재하는지를 설명하는 것이다.

라이트의 기능에 대한 개념을 좀 더 자세히 살펴보자. 형질에 나타나는 어떤 기능이란 그 형질을 갖는 생명체가 자연선택 과정을 거쳐 환경에 적응한 후에 나타나는 결과이다. 따라서 형질의 기능이란 그 형질을 갖는 생명체가 과거의 자연선택 과정에서 선택된 이유인 동시에 결과이다. 예를 들어 혈액을 펌프하는 기능은 심장의 기능이다. 과거 이 기능을 지닌 심장을 갖고 있던 척추동물들이 자연선택되어 그 동물들이 서식하는 환경에 잘 적응하였기 때문에, 혈액을 펌프하는 기능은 현재 심장을 존재하게 하는 진화상의 이유이며 동시에 과거 자연선택의 결과이다. 그러므로 형질의 기능이란 현재 형질이 존재하는 이유인 것이다. 라이트의 원인에 초점을 맞춘 기능적 설명은 왜 어떤 형질들이 어떠한 기능을 가지고 있는지 설명해 준다.

그리고 라이트의 원인에 근거한 기능적 설명은 진정한 기능과 단순히 우연으로 나타나는 효과의 차이도 구분해 준다. 예를 들어 심장이 박동하여 그로 인해 혈류가 만드는 소리인 심장박동소리는 의사들에게 심장의 상태에 관한 많은 정보를 제공한다. 따라서 혈액을 펌프하는 기능만큼 심장의 박동소리를 만드는 기능도 중요하다. 그렇다면 이 둘의 기능 중 어떻게 전자만이 심장의 유일한 기능이라고 장담할 수 있는가? 라이트도 심장박동소리가 유용하다는 것은 인정한다. 그러나 이러한 유용성은 우연으로 생긴 것이라고 주장한다. 심장박동소리는 자연 선택 과정에서 심장을 갖고 있던 척추동물들이 선택되어 그 동물들의 서식지에 적응하게 된 이유가 아니다. 단순히 우연으로 생긴 유용한 부산물이다. 반면에 혈액을 펌프하는 기능은 심장을 갖고 있던 척추동물들이 다른 동물들에 비해 환경에 더 잘 적응하고 자손을 더 많이 번식시키게 도와주었다.

예를 하나 더 들어 보자. 바다거북의 앞쪽 물갈퀴는 헤엄치는 기능을 가진다. 그러나 바다거북이 알을 까기 위해 바다에서 육지로 나오면, 바다거북은 이 앞쪽 물갈퀴들을 이용해 땅을 파 둥우리를 만든다. 이때 물갈퀴들은 땅을 파는 기능을 한다. 그렇다면 바다거북의 앞쪽 물갈퀴는 헤엄치는 기능과 땅을 파는 기능을 가지고 있다는 뜻인가? 위에서 논의하였듯이, 원인에

| 바다거북(자료: Brocken Inaglory@wikimedia)

근거한 기능적 설명에서 기능은 자연선택의 결과이다. 땅을 파
는 기능은 앞쪽 물갈퀴가 자연선택된 결과가 아니다. 바다거북
과 그들의 조상들은 바다거북이 바다에서 육지로 나오기 훨씬
오래전부터 이미 물갈퀴를 가지고 있었다. 물갈퀴는 바다거북
을 헤엄치게 해서 천적들로부터 피신해 안전한 곳에서 생존하
게 하였다. 그러므로 헤엄치는 기능은 물갈퀴가 과거 자연선택
과정에서 선택된 결과이고, 현재 물갈퀴를 갖는 바다거북을 존
재하게 하는 진화상의 이유이다. 반면 물갈퀴를 이용해 땅을 파
둥우리를 만드는 것이 바다거북이 자손을 번식시키는 데 지대
한 기여를 하는 것은 분명하다. 그러나 땅을 파는 물갈퀴의 기
능은 과거 자연선택의 결과물이 아닌, 우연히 생긴 유용한 부산

물이다. 따라서 어느 형질이 현재 어떠한 기능을 한다는 것은, 그 형질의 기능이 현재 그 형질을 가지고 있는 생명체가 생존하는 데 도움을 준다는 뜻이 아니라 형질이 그 기능으로 인해 과거에 자연선택 과정에서 선택된 후 환경에 적응하여 그 형질이 현재까지 그런 기능을 수행하고 있다는 뜻이다. 그리하여 기능을 수행하는 것이 그 형질이 지금까지 존재하는 이유가 된다.

생명체 전체에서 이해한 생물학적 기능

커민스는 생물학적 기능의 정의를 현재의 생명체 안에서의 인과적 역할로 이해한다. 형질의 기능은 생명체 전체가 지니고 있는 능력을 발휘하는 데 기여한다. 생명체계란 수많은 부분들이 잘 조화있게 편성되고 조직화되어, 그 모든 부분들이 맡은 바 기능과 임무를 수행하는 공동체이다. 따라서 생명체계 내의 어떤 형질의 기능을 이해한다는 것은 그 형질의 기능을 생명체 전체와 분리시켜 분석하는 것이 아니라, 그 기능의 발휘 효과가 어떻게 생명체 전체가 능력을 발휘하는 데 기여하는가를 설명하는 것이다. 예를 들면 독수리가 가지고 있는 하나의 형질인 날개의 기능은 독수리의 비행능력에 지대한 영향을 미치는 비상력과 추진력이다. 이러한 날개의 기능은 독수리의 성공적인 비행에 인과적 역할을 하며 독수리가 어떻게 성공적으로 비행할 수 있는지를 설명한다.

생명체는 부분들이 체계적으로 조합되고 조직적으로 연결된 집합이다. 따라서 모든 부분들이 갖는 각각의 기능이 발휘

될 때 생명체 전체의 능력이 실현된다. 이것은 모든 기능들의 발현이 생명체 전체의 생존과 번식을 책임진다는 뜻이다. 따라서 생명체 전체의 생존과 번식을 생각한다면, 어느 하나의 기능이 특별히 생명체 생존에 인과적 역할을 한다고 볼 수 없다. 굳이 하나의 생물학적 기능을 설명해야 한다면 언제나 생명체계 전체의 능력에 근거한 기능의 발현을 말해야 한다. 다시 바다거북의 예를 들어 보자. 바다거북의 앞쪽 물갈퀴는 헤엄치는 기능과 땅을 파는 기능을 한다. 그런데 바다거북의 생존과 번식에 인과적 역할을 하는 것은 오직 물갈퀴의 헤엄치는 기능만이 아니다. 물갈퀴의 땅을 파는 기능 또한 바다거북의 생존과 번식에 중요한 역할을 한다. 따라서 바다거북의 생존과 번식을 고려하는 한, 물갈퀴의 기능이란 헤엄치는 기능과 땅을 파는 기능 모두를 말한다.

생물학적 기능에 대한 논쟁들

루스 밀리컨(Ruth Millikan 1989, 「고유한 기능에 대한 변론」)은 생물학적 기능을 오로지 현재의 인과적 역할로 이해하는 커민스의 정의에 반대한다. 커민스의 정의에 의하면 기능을 가지는 모든 형질은 그 기능을 수행해야 한다. 그렇다면 질병으로 상한 심장의 기능은 어떻게 이해되어야 하는가? 커민스의 기능의 정의에 따르면, 혈액을 펌프하는 기능을 가지는 모든 심장은 그 기능을 수행해야 한다. 그러나 질병으로 상한 심장은 혈액을 생체 곳곳에 보내는 펌프 기능을 제대로 수행하지 못한다. 그렇다면 질병으로 상한 심장의 기능은 건강한 심장의 기능과 달라야 하는가?

밀리컨은 커민스의 정의는 고유한 기능(proper function)이 무엇인지 설명하지 못한다고 주장한다. 고유한 기능이란 정상적인 상황에서 생명체가 생존하는 데 필요한 기능이다. 밀리컨이 말하는 정상적인 상황이란 동일종의 생명체들의 대부분이 생존해서 진화해 왔던 조건들과 상황을 의미한다. 따라서 한 형질의 고유한 기능이란 그 형질을 가지는 조상 생명체들의 대부분이 생존해서 진화하였던 조건들에서 그 형질을 갖는 현재의 생명체가 생존하는 데 필요한 기능이다.

예를 들면 혈액을 펌프하는 기능을 지닌 심장을 가진 대부분의 조상 동물들이 과거 자연선택 과정을 거치며 진화하였고, 현재의 척추동물들은 심장의 혈액을 펌프하는 기능으로 생존하고 있다. 따라서 심장의 고유한 기능은 혈액을 펌프하는 기능이다. 반면에 질병으로 인한 그 기능의 상실은 질병으로 상한 심장의 단순한 결과이다. 질병으로 상하지 않았다면 그 심장은 혈액을 펌프하는 심장의 고유한 기능을 수행하였을 것이다. 그러므로 형질의 기능을 이해하기 위해서는 그 기능이 나타나게 된 원인인 과거의 자연선택 과정을 고려해야 한다.

생명과학을 이해하고 생명 현상들을 설명할 때 절대로 간과해서는 안 되는 것이 진화의 역사이다. 진화유전학자인 테오도시우스 도브잔스키(Theodosius Dobzhansky 1973)가 강조하듯이, 진화의 관점으로 비추어보지 않으면 생명과학에서는 아무것도 납득되지 않는다("Nothing in biology makes sense except in the light of evolution."). 그런데 커민스의 형질이 갖는 현재의 기능에 대한 이해는 진화의 역사에 대한 고려가 없다. 진화 과정에 근거하지 않는 현재의 기능에 대한 이해는 생명과학적이지 않다.

하지만 커민스의 정의를 옹호하는 사람들도 진화의 관점에서 벗어난 개념이나 설명은 비생명과학적이라는 사실에 이견을 제기하지 않을 것이다. 나는 이들이 현재의 기능의 속성을 강조하지만, 이들이 말하는 '현재'의 기능이란 진화의 역사를 고려하지 않고서 살펴본 현재 우리가 관찰할 수 있는 비역사적 (ahistorical) 형질의 기능이 아니라고 생각한다. 진화의 영향을 받는 생명계의 체계 안에서 현재의 생물적 기능을 이해하려는 시도는 진화의 역사를 굳이 거론하지 않더라도 현재의 기능이 과거 자연선택 과정에서 비롯되어 적응한 형질의 효과라는 점을 알고 있기 때문이다. 그러므로 커민스의 기능의 정의가 진화의 역사를 고려하지 않고 단지 현재의 기능에 집착한 이해라는 비판은 무리가 있다.

한편 기능을 자연선택의 결과라고 정의하는 라이트나 밀리컨의 주장이 무조건 옳은 논의라고 볼 수 없는 이유가 있다. 생물학적 기능이 과거 자연선택의 결과라면, 이 과거의 자연선택 과정이 먼 과거의 사건을 뜻하는지, 아니면 가까운 과거의 자연선택 과정을 가리키는지 알 수 없기 때문이다. 이들이 긴 진화 과정에서 어느 때의 자연선택 과정을 말하고 있는지 알 수 없다. 날개의 깃털을 예로 들어 보자. 깃털은 진화상에서 새의 조상이 등장할 때 몸을 따뜻하게 보호하는 기능을 하였다. 이후 그 조상의 자손들이 근육과 뼈의 구조를 가진 날개를 갖게 되었을 때는, 이전에 보온 기능을 하던 깃털이 몸체를 하늘로 띠워 날게 하는 데 중요한 역할을 하게 된다. 보온 기능을 하던 깃털이 비행 기능을 하게 된 것이다. 깃털의 이러한 새로운 기능은 이후 자연선택 과정에서 선택되어 진화하는 데 중대한 역할을 한다. 먼 과거의 자연선택의 결과인 깃털의 보온 기능은 가까운 과거의 자연선택의 결과인 깃털의 비상 기능으로 대체되었다. 그렇다면 생물학적 기능이 과거 자연선택의 결과라고 정의하는 이들은 과연 어느 기능을 고유한 기능이라고 주장할까? 그들에게는 뚜렷한 기준이 없는 것 같다.

또 기능의 정의를 자연선택의 결과라고 주장하는 이들은 형질이 존재하는 이유가 무엇인지, 왜 그러한 형질이 존재하는지에 대한 질문을 던지며, 형질 하나하나를 생명체 전체에서 분리하여 각각의 형질들에 해당하는 기능을 고려하고 있다. 그리고 이들은 각각의 형질이 가지고 있는 여러 기능들 중에 유일한 하나의 고유한 기능을 찾아, 그 기능이 바로 이 형질이 자연선택된 이유이며 이 형질이 현재 존재하는 이유라고 주장한다. 나머지 선택되지 못한 기능들은 단지 우연히 생겨난 결과들이라고 간주한다.

나는 이들의 형질에 대한 접근 방식에 문제가 있다고 생각한다. 형질들을 생명체 전체에서 분리한 후 세분화하여 각각의 형질의 기능을 조사한다는 것은 생명체를 진정으로 이해하는 방법이 아니다. 그리고 형질이 지닌 여러 기능들 중에 오직 하나만을 선택하여 그 기능이 바로 이 형질의 고유한 기능이라고 주장하는 것과, 어떤 형질이 어떤 기능을 가졌고 같은 구조의 형질이면 그러한 기능을 가져야만 한다는 규범적 주장은 다윈 이전에 과학자들이 받아들였던 생각과 비슷하다. 기능을 규범적으로 이해하는 것은 앞에서 논의한 아리스토텔레스의 '목적'이라는 비과학적인 목적론적 개념의 잔재가 남아 있다는 것을 시사하는 것이 아닐까? 그들이 아무리 물리적이고 기계적인 진화과정으로 이 비과학적인 '목적'을 '자연화(naturalization)'시켜 생물학적 기능으로 대체하였다고 주장해도, 기능의 정의에 규범적인 시각이 들어 있는 한, 그들의 자연화는 만족스럽지 못하다.

이에 반해 커민스의 생명체 전체에 기반을 둔 기능의 정의는 어떤 구조를 갖는 형질은 어떠한 기능을 해야 한다는 규범적인 시각을 용납하지 않는다. 생명체계 전체가 능력을 발휘하는 데는 모든 기능들이 발현되며, 이 모든 기능들의 발현이 생명체 전체의 생존을 책임진다. 생물적 기능을 생명체 전체를 염두에 두고 정의하는 한, 어느 하나의 특정한 기능이 생명체 전체의 생존을 책임진다고 말할 수 없다. 다시 말해 형질의 어떤 특정한 기능 때문에 생명체가 생존하고 번식한다고 생각할 수 없다. 생명체가 생존하고 번식하는 이유는 어떤 형질의 어떤 특정한 기능 때문이 아니다. 수많은 형질들의 수많은 기능들이 체계적으로 발휘되기 때문에 생명체가 생존하고 번식하는 것이다.

이러한 논지가 암시하는 것은 기능을 생명체 전체의 생존과 번식이라는 관점에서 이해하는 한, 형질이 어떤 특정한 하나의 기능('the function')을 가져야 한다는 생각이 무의미하다는 것이다. 앞에서도 살펴보았듯이, 바다거북의 수많은 형질 중 하나인 앞쪽 물갈퀴는 헤엄치는 기능과 땅을 파는 기능을 한다. 이 경우 오로지 물갈퀴의 헤엄치는 기능 때문에 바다거북이 생존하고 번식한다고 생각할 수 없다. 물갈퀴의 땅을 파는 기능 또한 바다거북의 생존과 번식에 인과적 역할을 한다. 바다거북의 생존과 번식을 고려하는 한, 물갈퀴의 기능은 반드시 헤엄치는 기능이어야만 한다고 주장할 근거가 없다. 그리고 물갈퀴 구조를 갖는 형질이라면 헤엄치는 기능을 가져야 한다는 규범적 주장에도 문제가 있다.

생명체계 안에서 기능을 정의하는 논지는 비과학적인 '목적'을 자연화하는 설명에 관심이 없다. 왜냐하면 이 논지를 펴는 이들은 생명체계 안에서의 기능에는 이미 시작부터 비과학적인 '목적'이 존재하지 않으므로 자연화시킬 어떤 것도 없다고 생각하기 때문이다. 비과학적인 '목적'의 존재를 처음부터 인정하지 않기 때문에 이에 상응하는 기능에 대한 규범적 설명도 받아들이지 않는다. 그들의 관심은 물리적이고 기계적인 생명체계 안에서의 기능의 속성들에 있다. 생명체 전체에서 기능의 속성들 어느 하나도 특별한 특권을 갖지 않고 모두 함께 생명체의 생존과 번식에 기여한다. 나는 이러한 커민스의 기능에 대한 정의가 현재 진행되고 있는 세포분자생물학 연구 분야에 없어서는 안 될 개념이라고 생각한다.

5.
생명과학과
환원론

— 　　　　　　　　다윈의 진화론은 생명 현상을 설명
하는 과학자들의 시선을 물질세계로 돌리게 하였고, 1950년대
분자생물학의 시작은 생명과학자들의 연구방향과 방법을 근본
적으로 변화시켰다. 분자생물학의 발전으로 한 생명체나 커다
란 형질에 초점을 맞춰 설명하던 진화나 유전 현상들은 분자상
에서 행해진 실험 결과에 의해 본격적으로 반증되고 있다. 이것
은 진화나 유전 현상에 대한 설명과 그 개념들이 분자생물학에
기초한 설명과 개념들로 환원되고 있음을 암시한다.

환원

— 　　　　　　　　환원이란 "실재하는 것을 실재하

는 것으로, 실재하지 않는 것을 실재하지 않는 것으로 보여 주는 것 …… 실재한다는 것은 이 세계에 인과적으로 어떤 차이를 만들어 냄을 의미한다. …… 그래서 환원이란 인과적 차이를 만들어 내는 존재가 인과적 차이를 만들어 냄을 보여 주고 또 그렇지 못한 것을 그렇지 못하다고 보여 주는 것이다."(홍창성 2008, 「유형 물리주의와 기능주의 환원론의 만남」). 환원은 존재 세계에서 실재와 허상을 구별하는 작업으로 심리철학에서는 마음과 몸의 관계를 이해하는 논의의 중심에 있다. 나는 이러한 환원을 '형이상학적 환원'이라고 부르며, 이 '형이상학적 환원'은 모든 형태의 환원론에 근간이 되어야 한다고 생각한다.

생명과학에서 토론할 환원론은 '이론적 환원'이다. 이론적 환원이란 심리학, 생명과학 등의 분과 과학들이 그것의 보다 하층 과학으로, 그리고 궁극적으로는 가장 하층에 있는 기초 물리학으로 환원되는 것이다. 다시 말해 분과 과학들의 법칙이나 이론들이 궁극적으로 물리학의 법칙이나 이론으로 환원된다는 뜻이다.

한편 환원에 대한 다른 형태의 이해 방법인 '환원적 설명'은 생명과학 이론들이 제시하는 개별적 설명들이 분자생물학에 기초한 설명으로 환원되고, 그리고 이것이 다시 궁극적으로 화학이나 물리학으로 설명되는 것이다. '환원적 설명' 방법으로 생명과학 현상에 대한 설명력과 예측력이 커진다.

여기에서는 '이론적 환원'과 '환원적 설명'에 초점을 맞추어 생명과학에서의 환원의 문제를 논의하고자 한다.

생명과학의 역사와 환원

— 　　　　　　　　　생명과학 역사의 한 단면을 간단히
살펴봄으로써 생명과학의 발전이 환원의 방식으로 이루어지고
있다는 것을 알아보자.

다윈은 자연선택 이론으로 어떻게 생명체들이 그들이 서식하
는 자연환경에 적응하여 생존하는지, 그리고 환경에 적응한 적
자(the fittest)들이 그들의 자손을 생산하고, 이 자손들이 어떻게
다시 자연선택 과정을 거치는지 설명하였다. 다윈 이후 과학자
들은 생명체의 발생 과정을 연구하면서, 생명체 내에 어떤 무
엇인가가 있어 그것이 부모의 형질을 자식세대로 유전시킨다
고 막연히 생각하였다. 무엇이 부모의 형질을 유전시키는가에
대한 의문은 19세기 중반에 멘델이 실행한 실험에서 답을 찾기
시작한다. 멘델은 몇 세대에 걸친 콩깍지 형질들의 발현을 관찰
하며, 콩깍지 안에 '인자(factor)'가 있어, 그것이 부모의 콩깍지
형질을 다음 세대로 전달하는 인과적 역할을 한다고 믿었다. 또
그는 부모 콩깍지의 표현형질이 발현되는 빈도를 몇 세대에 걸
쳐 측정하며, 그 형질의 발현 빈도에 특별한 규칙이 있다고 주
장하였다. '유전인자'의 역할로 각각 부모의 형질이 다음 자식
세대로, 그리고 그 다음 손자세대로 유전되는 현상에서 발견한
규칙은, 유전 현상이란 무작위로 일어나는 사건들이 아닌 설명
이 가능하고 예측할 수 있는 자연 현상임을 시사한다. 또한 멘
델이 발견한 규칙성은 유전법칙들을 이끌어 냈다. 우리가 잘 알
고 있는 멘델의 유전법칙은 대립 형질을 갖는 두 순종을 교배시

켰을 때 자식세대에서는 2개의 대립 형질 중 우성 형질만 발현
한다는 것과, 우성만이 발현된 이 자식세대가 낳은 다음 자식세
대인 손자세대에서는 우성 형질의 발현과 열성 형질의 발현 비
율이 4대 1이라는 분리의 법칙, 그리고 마지막으로 대립 형질
들이 교배되어 유전될 때 각각의 대립 형질은 서로 간에 영향을
미치지 않고 독립적으로 발현한다는 독립의 법칙이다.

멘델 이후 과학자들은 멘델의 유전법칙들로 유전현상들을 설
명하고 예측하며 유전학을 발전시켰다. 그 사이 멘델의 '유전인
자'는 '유전자(gene)'로 명명되었고,
유전자가 가지는 세 가지 기능적인
속성들인 자기복제(self-replication)의
속성, 변이(mutation)의 속성, 생명체
의 발생과 기능에 관여하는 것들을
생산하는 속성이 제안되었다. 그리
고 1953년 이중나선형 구조로 이루
어진 DNA 분자들의 연속적 배열
이 밝혀지면서, 형질들을 관찰하며
연구하던 유전학과 다른 여타 생명
과학의 연구들이 분자의 세계에서
이야기되기 시작하였다. 분자생물
학의 시대가 시작된 것이다.

진화론에서 유전학으로, 그리고
분자유전학으로의 생명과학의 역

| DNA의 화학 구조

사가 시사하는 바는 커다란 생명체와 형질들에 근거한 이론과 설명에서 분자상에서 일어나는 자연 현상을 근거로 하는 이론과 설명으로 환원되고 있다는 것이다. 이와 같이 생명과학의 발전은 환원의 과정을 밟고 있다.

생명과학에서의 환원론
—   과학철학에서는 어니스트 네이글 (Ernest Nagel 1961, 『과학의 구조』)이 주장한 환원론으로 환원의 논의가 시작되었다. 네이글은 환원을 주어진 상층 이론과 그 이론 추론에 기반이 된 하층 이론 사이의 이론적 환원이라고 주장한다. 하나의 상층 이론이 그것의 하층 이론으로 환원될 때, 상층 이론의 법칙들은 하층 이론의 법칙들로부터 논리적으로 추론되어야 한다는 것이다. 이를 위해서는 하층 이론의 법칙을 구성하는 문장의 술어들(predicates)이 상층 이론의 법칙을 구성하는 문장의 술어들과 연관이 있어야 한다고 보았다. 다시 말해 네이글의 이론적 환원모델은 상층 이론 법칙과 하층 이론 법칙 간의 논리적 추론 가능성(derivability)과 상층 이론 술어와 하층 이론 술어 간의 연관성(connectability)을 요구한다(상층과 하층의 문제인 계층모델에 대해서는 다음에 나오는 '생명과학에서 이론적 환원의 문제점들'에서 자세히 설명할 것이다. 현재 논의는 자세한 계통모델에 대한 설명 없이도 가능하다.).

케니스 쉐프너(Kenneth Schaffner 1974, 「생물학에서의 환원론」)는 네이글의 환원모델을 생명과학에 도입하였다. 우선 쉐프너는 네이글의 이론적 환원모델에 필요한 논리적 추론 가능성과 연관성이 쉽게 얻어지는 조건들이 아니라고 생각하였다. 네이글의 환원모델에 의하면, 유전학이 분자유전학으로 환원될 때 유전학의 법칙들이 분자유전학의 법칙들로부터 추론되어야 하며, 유전학의 법칙을 구성하는 문장의 술어들이 분자유전학의 법칙을 구성하는 문장의 술어들과 연관이 있어야 한다. 그러나 멘델 유전학의 용어들은 분자유전학에서 사용되는 술어들과 직접적인 연관성을 보이지 않는다.

예를 들면 앞에서 잠시 살펴보았듯이, 유전학에서의 '유전자'는 형질에 관련된 '인자'이고, 더 나아가 자기복제, 변이, 그리고 생명체의 발생과 기능에 관여할 것들을 생산하는 세 가지 속성들을 지니고 있는 '유전인자'이다. 이에 비해 분자유전학에서의 '유전자'는 DNA 배열이라고 할 수 있다. 그러나 DNA 배열의 어디에서부터 어디까지가 유전자인지 정확하게 꼭 집어 말하기란 쉽지 않다. 분자유전학에서의 '유전자'는 때로는 단백질을 만드는 정보를 가진 DNA 배열만을 지칭할 수도 있고, 때로는 이 DNA 배열에 영향을 미치는 근처의 배열들까지 합친 DNA 배열로 생각할 수도 있다. 또 레트로바이러스(retrovirus)의 경우에는 DNA가 아닌 RNA 배열이 유전자 기능을 하는 것으로 확인되었다. 그래서 레트로바이러스의 '유전자'는 DNA가 아닌 RNA를 지칭한다. 이와 같이 유전학의 '유전자'는 분자유전학에서 단백질을 만드는 정보를 가진 DNA 배열이거나, 또는 그 DNA 배열보다 더 긴 배열일 수도 있다. 또 레트로바이러스에서 유전자는 RNA 배열이다.

유전학의 '유전자' = 단백질을 만드는 정보만을 가진 DNA 배열 또는 단백질을 만드는 정보만을 가진 DNA 배열과 이 DNA 배열에 영향을 미치는 근처의 배열들까지 합친 DNA 배열 또는 레트로바이러스 경우에는 RNA 배열

쉐프너가 염려한 바와 같이 유전학의 '유전자'와 분자유전학의 'DNA'는 쉽게 연결되지 않는다. 이러한 이유로 쉐프너는 네이글의 이론적 환원모델에 '상층 이론의 수정(correction) 작업'의 조건을 첨가하고, 하나의 상층 이론을 그의 하층 이론으로 환원시키기 전에 반드시 먼저 이 상층 이론을 수정해야 한다고 제안한다. 수정된 상층 이론을 하층 이론으로 환원시키면, 수정된 이론의 법칙들은 하층 이론의 법칙들로 추론되고, 수정된 이론의 용어들이 하층 이론의 용어들과 연결된다고 주장한다. 수정된 네이글의 이론적 환원모델이 쉐프너의 환원모델이다.

생명과학에서 이론적 환원의 문제점들

다수 실현 가능성(multiple realizability) 논변

얼핏 보기에는 쉐프너의 제안이 네이글이 지닌 문제점을 해결한 한층 향상된 환원모델이라고 여겨질 수도 있다. 그러나 사실은 쉐프너의 모델도 여전히 네이글의 문제점을 가지고 있다. 그것은 아무리 상층 이론을 수정한다고 해도 이 수정된 상층 이론의 용어들이 하층 이론의 용어들과 연결되리라는 보장이 없기 때문이다.

'유전자'의 예를 다시 살펴보자. 유전학의 '유전자'가 분자유전학의 'DNA 배열'과 연결된다는 것은 유전학의 '유전자'와 분자유전학의 'DNA 배열'이 일대일로 대응한다는 것을 의미한다. 그러나 앞에서 본 바와 같이 유전학을 아무리 수정한다고 해도 유전학의 '유전자'가 분자유전학의 어느 하나와 동일하게 연결될 수는 없다. 유전학의 '유전자'는 분자유전학에서 '단백질을 만드는 정보만을 가진 DNA 배열'이거나 '단백질을 만드는 정보를 가진 DNA 배열과 이 DNA 배열에 영향을 미치는 근처의 배열들을 합친 DNA 배열'일 수도 있고, 레트로바이러스에서는 'RNA 배열'이기 때문이다. 즉 멘델의 '유전자'는 여러 종류의 많은 다양한 분자 구조들에 대응한다.

힐러리 퍼트남(Hilary Putnam 1967, 「정신 상태의 실체」)의 '다수 실현 가능성' 논변을 빌려 말한다면, 상층 멘델의 유전학의 '유전자'의 속성이 하층 분자유전학의 많은 다양한 분자 구조들에 실현된다는 뜻이다. 상층 멘델의 유전학의 '유전자'의 '다수 실현 가능성'은 유전학과 분자유전학의 관계가 일대일의 대응관계를 가질 수 없다는 것을 시사한다. 이렇듯 분과 과학 속성들의 '다수 실현 가능성'은 상층 분과 과학 이론이 하층 분과 과학 이론으로 환원되는 것을 불가능하게 만든다.

계층적 과학체계의 문제점

이론적 환원이 전제하는 개념은 자연과 자연에 존재하는 모든 것들을 바라보는 시각에서 비롯된 계층모델이다. 오펜하임과 퍼트남(Oppenheim and Putnam)은 그들의 논문「작업가설로서의 과학의 통일」(1958)에서 이론적 환원론을 제안할 때 존재세계를 여러 계층들로 이루어진 하나의 고정된 체계로 보았다. 여기에서 고정된 체계란 개개의 사물들과 속성들이 자연 속에 그들의 고유한 위치에 존재한다는 오펜하임과 퍼트남의 관점을 반영한 것이다. 그들은 가장 작은 소립자들(elementary particles)을 제일 하층에 지정하고, 그 위로 분자들이 위치하는 분자층, 그 위로 세포층, 다세포 생물층, 그리고 최상층인 사회집단을 지정하여, 소립자에서부터 사회를 구성하는 사물들과 속성들을 여섯 계층으로 분류하였다.

오펜하임과 퍼트남은 상층과 그 바로 하층을 전체와 부분의 관계(mereology)로 보며, 상층에 자리하고 있는 사물들과 속성들을 분리하고 분해하면 그 층의 바로 밑층의 사물들과 속성들에 해당한다고 생각하였다. 예를 들면 세 번째 계층에 속한 세포들을 분해하면 두 번째 계층에 속하는 분자들의 집합이 된다고 생각하였다. 사물들과 속성들을 부분과 전체의 관계로 분류한 계층모델은 학문의 분과들을 분류하는 작업에도 적용되어, 소립자들의 세계를 연구하는 기초 물리학이 제일 하층 이론으로 자리 잡고, 그 위로는 화학, 생명과학, 심리학, 사회과학 등이 상층 이론들로 자리매김한다. 이러한 계층적 과학체계는 계층모델과 더불어 이론적 환원을 이끌어 내는 전제들이다.

그렇다면 과연 생명과학에서 다루는 모든 사물들과 속성들이 부분과 전체의 관계로 분류될 수 있을까? 이론적 환원모델에 의하면, 멘델의 유전학이 분자유전학보다 상층 이론으로, 멘델의 '유전자'와 분자유전학의 'DNA 배열'이 전체와 부분의 관계를 지녀야 한다. 다시 말하면 멘델의 '유전자'를 분리하고 분해하면 분자유전학의 'DNA 배열'이 나와야 한다. 그런데 앞에서 살펴보았듯이 멘델의 '유전자'는 실체가 없고 다만 세 가지 기능으로 이해되는 이론적 개념의 유전인자이다. 이런 이론적 유전자를 물리적으로 분리하고 분해하는 것이 가능할까? 이론적 유전자를 개념적으로 분석할 수는 있어도, 물리적으로 분리하고 분해한다는 생각은 터무니없다. 분해할 수 없는 기능적 개념의 유전자와 분해할 수 있는 물질로서의 DNA 배열은 전체와 부분의 관계로 볼 수 없다. 그러므로 부분과 전체의 관계로 모든 사물들과 속성들을 분류하는 것은 문제가 있다. 이러한 문제는 유전자를 다루는 유전학과 분자들을 다루는 분자유전학을 각각 상층 이론과 하층 이론으로 분류하는 데 부정적 영향을 끼쳐, 결국은 학문의 분과들을 계층적으로 분류하는 계층적 과학체계의 근간을 흔든다. 이론적 환원모델의 전제인 오펜하임과 퍼트남의 사물들과 속성들을 분류하는 계층모델과 분과 과학들을 구별짓는 계층적 과학체계의 붕괴는 이론적 환원모델의 성립을 시작부터 불가능하게 만든다.

생명과학 법칙의 부재

이론적 환원모델을 살펴보면, 생명과학의 어느 분과든지 그 분과 생명과학에는 고유한 법칙들이 있어, 이 법칙들의 존재로 진화생물학, 발생생물학, 세포분자생물학 등 생명과학의 모든 분과들이 독립적으로 존재한다는 전제가 있다. 법칙들을 가지는 상층 분과 생명과학이 법칙들을 가지는 하층 분과 생명과학으로 환원된다는 것이 이론적 환원이다. 그런데 만약 이론적 환원의 전제조건인 각각의 분과 생명과학에서 법칙들이 존재하지 않는다면 이론적 환원은 불가능하게 되고, 더 나아가 과연 생명과학의 모든 분과들이 독립적인 과학으로 존재하는지 의문이 들 것이다.

끊임없이 변화하는 진화의 영향에 있는 생명 현상들을 설명하는 생명과학의 여러 분과들이나 그들이 제공하는 설명들에서 과연 법칙을 발견할 수 있을까? 많은 생명과학철학자들이 깨달았듯이, 시간과 공간의 제약에서 벗어나고 예외를 허용하지 않는 진리로서의 법칙은 진화의 영향 하에 있는 생명과학의 어떤 분과에서도 발견되지 않을 것이다. 법칙이라고 여겼던 멘델의 유전법칙들도 분자생물학의 발전으로 많은 예외들과 틀린 부분들이 발견되었다. 예를 들면 멘델의 독립의 법칙인 대립 형질들이 교배되어 유전될 때, 각각의 대립 형질이 서로 영향을 미치지 않고 독립적으로 발현한다는 것은 많은 경우 맞지 않다. 염색체상에서 각각의 염색체들의 부분들이 서로 교차하기도 하고, 유전자상에서 DNA 배열이 재조합되기도 한다. 이런 이유로 멘델의 유전법칙들을 진리의 법칙이라고 보기는 힘들다. 유전학 고유의 법칙을 잃게 되면, 이론적 환원모델에서 환원되는 상층의 분과 과학으로서의 독립적인 과학의 면모를 잃게 되는 것이다.

법칙의 존재를 고려하는 한, 분자유전학도 유전학보다 나은 상황이 아니다. 분자유전학에서도 지금까지 이렇다 할 법칙들을 발견하지 못하였기 때문에, 이론적 환원모델에서 환원 토대로서의 하층 분과 과학이론으로 존재할 수 없다. 법칙들의 부재로, 환원되어야 하는 과학 이론과 환원해야 하는 과학이론 모두 독립적 과학이론으로서의 자격을 잃는다. 궁극적으로 이론적 환원이 불가능해진다. 그렇다고 이러한 상황이 비환원론이 옳다는 것을 뜻하는 것은 아니다. 반대로 이론적 환원에 대한 논쟁에 있어 환원론의 주장과 더불어 비환원론의 주장 모두 아무런 의미가 없게 된다는 뜻이다. 법칙들의 부재로 이론적 환원모델이 처음부터 성립 불가능하므로 이론적 환원에 대한 논쟁 자체가 무의미하게 된다. 이제 우리에게는 환원에 대한 새로운 이해가 필요하다.

환원적 설명

   —   나는 생명과학의 근본적인 특성을 주시하며, 생명과학에서 환원을 논하는 의미를 다시 살펴보고자 한다. 지금까지의 논의를 통해 우리는 진화의 역사를 고려하지 않고 생명과학을 이해하는 것은 가능하지 않다는 사실을 알 수 있었다. 모든 분과 생명과학에서 다루어지는 사물들과 속성들은 가지각색의 환경에서 일어난 자연선택의 결과물들이고, 이것들이 생명과학자들이 연구하는 자연 현상이나 자연 형질들이다. 따라서 생명과학 현상과 형질들에 대한 이론들과 설명들, 그리고 생명과학에서 이루어지는 연구나 논쟁들은 근본적으로 진화론의 영향 하에 있다.

생명과학에서 연구하는 자연현상들은 수많은 자연선택 과정들을 통해 생겨난 결과물들이다. 자연 형질들과 속성들은 생명체들이 서식하던 제한된 환경에서 과거의 어느 특정한 시간에 일어난 자연선택 과정을 겪은 형질과 속성이다. 다시 말해 이들은 시간과 공간의 제약 속에 얻어진 역사적 산물이다. 나는 이렇게 특정한 시간에 특정한 환경에서 일어난 자연선택의 결과물들은 일반화(generalization)할 수 없는 개별자로 간주해야 한다고 제안한다. 형질과 속성을 포함한 생명 현상들은 일반화할 수 없기 때문에 유형의 이론으로 만들 수 없다. 알렉스 로젠버그(Alex Rosenberg 2001, 「역사적 과학에서의 환원론」)도 주장하였듯이, 생명과학이란 본질적으로 진화의 역사를 다루는 연구 분야이며, 생명과학적 설명이란 역사에 근거한 설명이자 기술(description)이다. 시간과 공간의 제약과 역사의 제약을 받는 생명과학적 설명은 근본적으로 개별적이어서 일반화나 법칙화가 불가능하다.

자연 형질들과 속성들을 포함하는 자연 현상들이 개별자들이고, 이들에 대한 설명들을 일반화나 법칙화할 수 없다면, 생명과학에서 일반화로 얻어진 이론들 간의 환원이 될 수 없다는 것은 분명하다. 나는 생명과학에서 환원이란 이론적 환원이 아닌, 개별적 설명들이 좀 더 나은 설명력과 좀 더 정확한 예측력을 가진 설명으로 전환되는 것이라고 주장한다. 하나의 자연 현상을 설명하는 기술이 보다 높은 설명력과 예측력을 갖는 설명으로 환원하는 방식인 '환원적 설명' 방법이 생명과학에서 요구되는 환원이라고 생각한다.

생명과학에서 환원적 설명이란 유전학에 기초한 개별적 설명들이 분자유전학적 설명들로 환원되는 것이다. 예를 들어 유전병의 일종인 다운증후군(Down Syndrome)의 원인을 설명한다고 가정해 보자. 대부분의 진핵생명체들(eukaryotes)은 부모로부터 각각 한 벌씩의 염색체들을 물려받고, 이 염색체들은 각각 두 개씩 쌍을 이루며 세포핵에 존재한다. 정상적인 사람은 부모의 23개의 염색체를 한 벌씩 물려받아 총 23쌍, 46개의 염색체를 가진다. 그런데 대표적인 다운증후군인 삼염색체성(triploid) 다운증후군은 21번째 염색체가 두 개가 아닌 세 개여서, 다운증후군 현상이 발현된 사람은 총 47개의 염색체를 가진다.

다운증후군 현상의 원인을 설명하기에 앞서, 반드시 필요한 생명과학의 지식인 진핵생명체들의 생식세포에서 일어나는 감

수 분열(meiosis)을 살펴보자.

아래 그림에서 보듯이, 진핵생명체들의 정상적인 생식세포의 감수 분열은 염색체들이 방추사(spindle)와 결합하여 생식세포핵의 중앙에 한 쌍씩 짝을 지어 일렬로 늘어섰다가, 이후 염색체 쌍들이 방추사에 의해 분리되어 개개의 염색체들이 생식세포핵의 양 끝으로 이동하고, 세포핵의 중앙이 분리되기 시작한다. 생식세포핵의 분리로 두 개의 생식세포가 만들어지고, 각각의 세포는 다시 한 번의 분열 과정을 거치며 총 네 개의 생식세포가 된다. 모든 분열이 끝난 후 각 생식세포핵 안에는 전체 염색체 쌍들에서 개개로 분리되어 이동한 절반의 염색체들이 있게 된다. 즉 처음 하나의 세포핵에 있던 염색체 수는 세포핵의 감수 분열 과정을 거치며 절반으로 줄어 절반의 수의 염색체들이

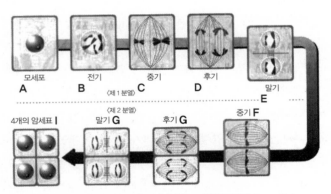

| 생식세포의 감수 분열 (출처: 한국교육과정평가원–교수학습개발센터 http://classroom. re.kr/)

각각의 생식 세포핵에 있게 된다.

이제, 다운증후군 현상의 원인을 설명해 보자. 먼저 형질과 그의 속성에 기초한 유전학적 설명을 살펴보자. 염색체들의 수와 그들의 움직임에 초점을 맞추며, 다운증후군의 원인을 설명하는 유전학적 설명은 다음과 같을 것이다.

다운증후군은 임신 전이나 임신 시, 대부분의 경우는 어머니의 생식세포, 즉 난자 안에 있는 21번 염색체의 쌍이 감수 분열 과정에서 분리되지 않아, 분리되지 않은 21번 염색체의 쌍이 그대로 하나의 난자에 있게 된다. 이후 정자와 만나 수정란이 생기고 태아가 자라기 시작하는데, 이때 수정란은 어머니의 21번 염색체의 비분리(nondisjunction)로 인해 21번 염색체가 세 개가 되어 총 47개의 염색체를 가지게 된다.

이와 비교하여 분자유전학적 설명은 분자상에서 일어나는 다운증후군의 원인으로 설명한다. 진핵생명체들의 정상적인 생식세포의 감수 분열 과정에서 염색체들이 한 쌍씩 짝을 이루고 이후 염색체 쌍들이 분리될 때, 염색체들의 접합(pairing)과 분리를 조절하는 두 종류의 단백질인 세퍼레이즈(Separase)와 시큐린(Securin)의 상호작용에 초점을 맞추며, 다운증후군의 원인을 분자유전학적으로 설명할 것이다.

세퍼레이즈가 단백질들을 분리시키는 기능을 하고, 시큐린은 세퍼레이즈의 기능을 억제한다. 모든 염색체들이 방추사와 결합하였을 때, 시큐린은 단백질 분해과정을 겪는다. 분해된 시큐린은 더 이상 세퍼레이즈의 기능을 억제하지 못하게 된다. 이로써 세퍼레이즈는 분리의 기능을 되찾아, 감수 분열 중 염색체들에 붙어 있는 두 개의 단백질(Rec8 and SLK19)의 결합을 분리한다. 이 단백질들의 분리는 결국 염색체 쌍들의 분리를 초래한다. 따라서 다운증후군의 경우는 어머니의 난자 안 21번 염색체 주위에 있는 세퍼레이즈 단백질의 기능에 이상이 생겨, 21번 염색체의 쌍에 붙어 있던 두 개의 단백질(Rec8 and SLK19)의 결합이 분리되지 않아, 결국 21번 염색체의 쌍이 분리되지 않게 된다. 즉 분리되지 않은 21번 염색체의 쌍이 그대로 하나의 난자에 있게 된다.

다운증후군의 원인은 형질에 초점을 맞춘 유전학적 설명들에서 분자들의 상호작용들을 설명하는 분자유전학적 설명들로 환원되며, 왜 그리고 어떻게 다운증후군이 일어나는지 자세히 설명된다. 유전학적 설명에서 어머니의 21번 염색체의 비분리가 자녀의 다운증후군을 일으키는 원인이라고 설명하였다면, 분자유전학적 설명에서는 적어도 두 종류의 각기 다른 단백질의 농도와 그들의 상호작용이 다운증후군을 일으키는 데 지대한 영향을 끼친다고 기술한다. 이러한 환원적 설명 방법으로 우리는 다운증후군의 원인을 더 자세히 그리고 더 정확히 알 수 있으며, 이러한 설명력을 가지고 같은 현상이 언제 어떠한 상황에서 다시 일어날지 예측한다. 개별적 설명들을 환원하는 환원

적 설명 방법으로 다운증후군 현상에 대한 우리의 이해가 깊어
지고 있다.

다윈의 진화론에서 멘델의 유전학을 거쳐 현재의 분자생물학
으로 이어지는 일련의 생명과학 이론들의 발전 과정을 보면, 크
고 작은 생명 현상들이 분자상에서 일어나는 현상으로 이해되
면서, 점점 더 자세히 그리고 정확히 설명되고 있는 것을 알 수
있다. 다윈의 진화론에서 미흡하였던 형질유전에 대한 설명들
은 멘델의 유전법칙들에 대한 설명들로 보완되었다. 그러나 멘
델의 유전법칙들은 그가 가정한 이론상의 '유전인자'에 기초한
결론이므로, 유전인자의 실체를 찾기까지는 멘델의 유전법칙
들에 대한 설명은 정확한 유전기작(mechanism)을 제공할 수 없었
다. 1953년 이중나선형 구조로 이루어진 DNA 분자들의 연속
적 배열의 발견은 멘델의 유전학이 설명하지 못하였던 '유전인
자'의 실체를 밝혔고, 분자상에서 이루어지는 유전기작을 설명
하는 단초가 되었다. 생명과학의 역사가 보여 주듯이 진화론에
서 유전학으로, 다시 분자유전학으로의 발전 과정이란 형질에
초점을 맞추며 생명 현상들을 설명하였던 유전학과 그에 따른
유전학적 설명들이 분자상에서 생명 현상들을 설명하는 분자
유전학과 그에 따른 분자유전학적 설명들로 환원되고 있는 것
을 보여 준다. 나는 생명과학에서 환원에 대한 논의는 '환원적
설명'으로 이해해야 하며, 이 '환원적 설명' 방법이 생명과학의
발전 과정을 잘 설명한다고 생각한다.

참고문헌

홍창성(2008), 「유형 물리주의와 기능주의 환원론의 만남」, 『김재권과 물리주의』, 아카넷.

Cummins, Robert(1975), "Functional Analysis", *The Journal of Philosophy*, 72 : 741~765.

Davidson, Donald(1980), Essays *on Actions and Events*, Oxford : Clarendon Press.

Dobzhansky, Theodosius(1973), "Nothing in Biology Makes Sense Except in the Light of Evolution", *American Biology Teacher*, 35 : 125~129.

Ghiselin, Michael(1974), *The Economy of Nature and the Evolution of Sex*, University of California Press : Berkeley.

Godfrey-Smith, Peter(2014), *Philosophy of Biology*, Princeton University Press.

Hull, David(1978), "A Matter of Individuality", *Philosophy of Science*, 45 : 335~360.

Jacob, François(1977), "Evolution and Tinkering", *Science*, New Series, 196 : 1161~1166.

Kim, Jaegwon(1984), "Concepts of Supervenience,", *Supervenience and Mind : Selected Philosophical Essays* reprinted in 1993, Cambridge : Cambridge University Press.

Mayr, Ernst(1942), *Systematics and the Origin of Species from the Viewpoint of a Zoologist*, Harvard University Press.

──(1969), "Discussion: Footnotes on the philosophy of biology", *Philosophy of Science*, 36: 197~202.

Millikan, Ruth(1989), "In Defense of Proper Functions", *Philosophy of Science*, 56: 288~302.

Mishler, Brent and Donoghue, Michael(1982), "Species concepts: A case for pluralism", *Systematic Zoology*, 31: 491~503.

Nagel, Ernest(1961), 『과학의 구조(*The Structure of Science, Harcourt College Publishers*)』, 전영삼 옮김, 아카넷, 2001.

Oppenheim, Paul and Putnam, Hilary(1958), "Unity of Science as a Working Hypothesis", *Minnesota Studies in the Philosophy of Science*, vol.2, Minneapolis: University of Minnesota Press.

Putnam, Hilary(1967), "The Nature of Mental States" in Rosenthal, David, 1991, *The Nature of Mind*, Oxford University Press.

Rosenberg, Alex(1985), *The Structure of Biological Science*, Cambridge Univ Press.

──(2001), "Reductionism in a Historical Science", *Philosophy of Science*, 68: 135~163.

Schaffner, Kenneth(1974), "Reductionism in Biology: Prospects and Problems" *PSA: Proceedings of the Biennial Meeting of the Philosophy of Science Association* 1974: 613~632.

Wright, Larry(1973), "Functions", *The Philosophical Review*, 82: 139~168.

생명과학의 철학

1판 1쇄 펴냄 | 2014년 7월 25일

지은이 | 유선경
발행인 | 김병준
발행처 | 생각의힘

등록 | 2011. 10. 27. 제406-2011-000127호
주소 | 경기도 파주시 회동길 37-42 파주출판도시
전화 | 070-7096-1331
홈페이지 | www.tpbook.co.kr
티스토리 | tpbook.tistory.com

공급처 | 자유아카데미
전화 | 031-955-1321
팩스 | 031-955-1322
홈페이지 | www.freeaca.com

ⓒ 유선경, 2014. Printed in Seoul, Korea.

ISBN   979-11-85585-04-8 04130

your knowledge companion

생각의힘 문고